Vida e morte do rei João

ISBN: 978-85-88069-88-6

Coleção Shakespeare de Bolso
Volume 24, 1ª edição – São Paulo, 2017

Título original: *The Life and Death of King John*
Imagem da capa: *King John* (1597-1618), autor desconhecido.
© Copyright da tradução: Editora Peixoto Neto Ltda.

COORDENAÇÃO EDITORIAL: João Baptista Peixoto Neto
EDIÇÃO E PESQUISA EDITORIAL: Raquel Toledo e Cecília Floresta
ASSITENTES EDITORIAIS: Eloah Pina e Lígia Ulian
TRADUÇÃO: Carlos Alberto Nunes
REVISÃO: Livia Lima
PROJETO GRÁFICO E EDITORAÇÃO: Sophia Seibel Chassot

Dados Internacionais de Catalogação na Publicação (CIP)	
S527	Shakespeare, William (1564-1616) Vida e morte do Rei João / William Shakespeare. Tradução de Carlos Alberto Nunes. – São Paulo: Peixoto Neto, 2017. (Coleção Shakespeare de Bolso, 24). 160 p. ISBN 978-85-88069-88-6 1. Literatura Inglesa. 2. Teatro. 3. Teatro Inglês. 4. Drama Histórico. 5. Rei João (1116-1216). 6. Rei da Inglaterra. 7. Reinado de João. I. Título. II. Série. III. Nunes, Carlos Alberto, Tradutor.
CDU 821.111-2	CDD 822

Todos os direitos desta edição estão reservados à
EDITORA PEIXOTO NETO LTDA.
Rua Teodoro Sampaio 1765, cj. 44, Pinheiros – 05405-150
São Paulo, SP, Brasil – tel.: (11) 3063-9040 fax: 3064-9056
editora@peixotoneto.com.br – www.peixotoneto.com.br

William Shakespeare

Vida e morte do rei João

Tradução: Carlos Alberto Nunes

Editora Peixoto Neto

Personagens

Rei João

Príncipe Henrique
filho do rei

Artur
duque da Bretanha,
sobrinho do rei

Conde de Pembroke

Conde de Essex

Conde Salisbury

Lorde Bigot

Hubert de Burgh

Roberto Faulconbridge
filho de Sir Roberto Faulconbridge

Filipe
o bastardo, seu irmão materno

James Gurney
criado de lady Faulconbridge

Peter de Pomfret
profeta

Filipe
rei da França

Luís
delfim

Limoges
duque da Áustria

Cardeal Pandolfo
legado do papa

Melun
nobre francês

Chatillon
embaixador da França

Rainha Eleonor
mãe do rei João

Constança
mãe de Artur

Branca de Espanha
sobrinha do rei João

Lady Faulconbridge

Nobres, fidalgos, cidadãos de Angers, xerife, arautos, oficiais, soldados, mensageiros e gente de serviço.

Cena: Ora na Inglaterra, ora na França.

Ato I

Cena I

A sala do trono no palácio. Entram o rei João, a rainha Eleonor, Pembroke, Essex, Salisbury e outros, com Chatillon.

REI JOÃO
  Agora dize, Chatillon: a França
  que deseja de nós?

CHATILLON
              Após saudar-vos,
  desta arte o rei da França por mim fala
  ao Poder, à emprestada Majestade
  da Inglaterra.

ELEONOR
          Começo muito estranho:
  Majestade emprestada!

REI JOÃO
              Não falemos,
  bondosa mãe; ouçamos a embaixada.

CHATILLON
  Filipe, rei da França, com o direito
  que lhe herdou teu irmão já falecido,
  filho de Godofredo, Artur, de nome
  Plantagenet, reclama legalmente
  esta bela ilha e mais os territórios
  de Anjou, Poictiers, Touraine, Irlanda e Maine;
  deseja que de lado a espada ponhas
  que te defende os usurpados títulos,
  e ao moço Artur a entregues, teu sobrinho
  e, já agora, também teu soberano.

REI JOÃO
  E que resultará se renuirmos?

CHATILLON
  O jugo altivo de uma guerra a um tempo
  violenta e sanguinosa, que demonstre
  pela força o direito contestado.

REI JOÃO
  Então guerra por guerra, dize à França,
  sangue por sangue e força contra força.

CHATILLON
  Por minha boca, pois, o desafio
  te deixo do meu rei; é o extremo encargo
  de minha comissão.

REI JOÃO
                    Leva-lhe o meu,
  também, e parte em paz. Sê um relâmpago
  para os olhos da França, que, bem antes
  de poderes dar conta da embaixada,
  eu farei que o trovão por lá se escute
  dos meus canhões. Vai logo! Sê a trombeta
  de nossa cólera, o ruim presságio
  de vossa própria perda. Que lhe seja
  dada uma escolta honrosa; cuidai disso,
  Pembroke. Chatillon, é tudo; adeus.

  (*Saem Chatillon e Pembroke.*)

ELEONOR
  Então, meu filho? Eu não dizia que essa
  ambiciosa Constança não parava

enquanto não houvesse posto fogo
na França e em todo o mundo para a causa
do filho defender? Essa pendência
poderia ter sido prevenida,
fora fácil, somente com protestos
de amizade. Ora é força que dois reinos
a decidam por meios sanguinosos.

REI JOÃO
Nosso direito e a força nos amparam.

ELEONOR
A força apenas, temo; do contrário,
muito mal eu e vós ora estaríamos.
Permiti que em segredo conversemos
o que o céu, tão somente, e nós sabemos.

(*Entra um xerife, que fala baixo a Essex.*)

ESSEX
Meu príncipe, aqui temos a pendência
mais estranha do mundo, que vos chega
do interior, a fim de ser julgada.
Posso mandar entrar os querelantes?

REI JOÃO
Sim, fazei-os entrar.
(*Sai o xerife.*)
As abadias e os priorados hão de
pagar todos os gastos dessa guerra.
(*Volta o xerife com Roberto Faulconbridge e Filipe, seu irmão bastardo.*)
Quem sois?

O BASTARDO
 Sou súdito fiel, de origem nobre,
 nascido aqui em Northamptonshire e filho
 mais velho, como penso, de Roberto
 Faulconbridge, soldado que foi feito
 cavaleiro no campo de batalha
 pela mão generosa de Ricardo
 Coração de Leão.

REI JOÃO
 E tu, quem és?

ROBERTO
 Filho e herdeiro do mesmo Faulconbridge.

REI JOÃO
 Como! Se este é o mais velho, és tu o herdeiro? Tendes mãe diferente, ao que parece.

O BASTARDO
 Uma só mãe, decerto, poderoso
 monarca; isso é sabido; e um pai apenas,
 segundo creio. Mas sobre esse ponto
 somente ela e o alto céu é que vos podem
 revelar a verdade. Eu, como todo
 filho de homem, mantenho as minhas dúvidas.

ELEONOR
 Sai daí, grosseirão! Com essas suspeitas
 feres tua mãe e o nome lhe enxovalhas.

O BASTARDO
 Eu, senhora? Jamais tive motivo
 para tanto. A questão foi levantada

por meu mano, que, vindo a aduzir provas
do que afirmou, me levará uma renda
de nada menos que quinhentas libras.
Deus as terras me ampare e a honra materna.

REI JOÃO
Que tipo franco! E por que causa, sendo
mais moço, ele reclama a tua herança?

O BASTARDO
Ignoro-o; mas talvez cobice as terras.
De uma feita acoimou-me de bastardo.
Mas se o meu nascimento foi legítimo
ou não, só minha mãe é responsável.
Quanto a se saber se eu fui bem gerado,
meu nobre soberano — em paz repousem
os ossos que por mim se azafamaram! —
julgai vós mesmo, os rostos comparando-nos.
Se o velho Sir Roberto nos gerou,
realmente, e é nosso pai, e se esse filho
se parece com ele, ó Sir Roberto,
meu bom velho, agradeço aos céus de joelho
por não te ver quando me vejo ao espelho!

REI JOÃO
Que espírito estouvado o céu nos manda!

ELEONOR
Há um quê de parecença com Ricardo
Coração de Leão; a voz é a mesma.
Não achais alguns traços de meu filho
na avantajada compleição deste homem?

REI JOÃO
    Meus olhos o examinam e concluem
    que é Ricardo tal qual. E vós, que causa
    vos leva a reclamar as terras dele?

O BASTARDO
    Por ter como meu pai só meio rosto,
    quer com ele abiscoitar-me as propriedades;
    um perfil de moeda vai render-lhe
    a ninharia de quinhentas libras.

ROBERTO
    Meu soberano, vosso irmão, em vida
    de meu pai, o empregou frequentes vezes...

O BASTARDO
    Assim não heis de obter as minhas terras.
    O que cumpre saber é de que jeito
    ele então empregava minha mãe.

ROBERTO
    ... e o mandou de uma feita em embaixada
    à Alemanha tratar de altos negócios
    com o Imperador. O rei soube valer-se
    de sua ausência e morou nesse entrementes
    em casa de meu pai. Quanto ele pode
    conseguir, envergonha-me dizê-lo;
    mas a verdade é uma: muitas léguas
    de água e de terra se interpunham entre
    minha mãe e meu pai — como por vezes
    ouvi meu pai dizer — quando este alegre
    senhor foi concebido. No seu leito
    de morte legou-me ele seus haveres
    e jurou por aquela hora solene

que este filho de sua esposa, filho
dele não era, salvo se tivesse
nascido antes do tempo nada menos
de quarenta semanas. Por tudo isso,
meu soberano, permiti que eu entre
na posse do que é meu: as propriedades
de meu pai, tal como este o desejava.

REI JOÃO

Vosso irmão é legítimo; a consorte
de vosso pai o teve após as núpcias.
Se ela prevaricou, a falta é sua,
falta, aliás, que se inclui entre os azares
de quem toma mulher. Se não, dizei-me:
meu irmão, que, segundo o revelastes,
se esforçou na feitura deste filho
de vosso pai, o reclamou acaso?
Vosso pai, caro amigo, poderia
ficar com o bezerro de sua vaca
contra a opinião de todos. Sim, podia,
sem dúvida. Ainda mesmo que ele fosse
de meu irmão, o mano não teria
nenhum direito, como não podia
vosso pai recusá-lo, embora dele
com certeza não fosse. Em suma: o filho
de minha mãe foi quem gerou o herdeiro
de vosso pai; o herdeiro, então, que fique
com os bens que vosso pai possuía em vida.

ROBERTO

Então de nada vale o testamento
de meu pai, nem tem força para um filho
deserdar que ele disse não ser dele?

O BASTARDO
>Não tem força, senhor, de deserdar-me,
>como não teve de gerar-me, creio.

ELEONOR
>Que preferes: chamar-te Faulconbridge
>e, como teu irmão, ter propriedades,
>ou ser considerado como filho
>de Coração de Leão, senhor de tua
>nobreza, tão somente, sem fortuna?

O BASTARDO
>Se meu irmão, senhora, uma aparência
>como a minha possuísse, e eu, por meu lado,
>com Sir Roberto em tudo parecesse,
>tal como ele, e tivesse as pernas finas
>que nem duas varas de montar, os braços
>como peles de enguias estofadas,
>e um rosto tão delgado que uma rosa
>na orelha eu não pusesse, só de medo
>de alguém dizer: Olá! Uma moeda nova!
>E, se com essa figura, eu fosse herdeiro
>de toda a terra, afirmo-o, não quisera
>dar mais um passo e abrira mão de tudo,
>até do último pence, para ser esse
>mesmo eu, embora não comesse.

ELEONOR
>Agradas-me; não queres tua fortuna
>renunciar e a teu irmão ceder as terras,
>para me acompanhares? Sou um soldado
>e de viagem me encontro para a França.

O BASTARDO
 Irmão, ficai com tudo; aceito esta ansa;
 bela renda ganhaste com esta cara,
 que por cinco vinténs ainda era cara.
 Até à morte, senhora, hei de seguir-vos.

ELEONOR
 Não; prefiro que vades vós na frente.

O BASTARDO
 Os melhores que nós têm precedência.

REI JOÃO
 Como te chamas?

O BASTARDO
 Filipe, primogênito da esposa
 de Sir Roberto, que já em paz repousa.

REI JOÃO
 Passarás doravante a usar o nome
 de quem trazes a forma. Dobra os joelhos
 como Filipe e te alça como o grande
 Sir Ricardo e Plantagenet. Levanta-te!

O BASTARDO
 Irmão materno, a mão! Eu herdo um nome;
 vós, terras; nunca mais passarei fome.
 Louvarei noite e dia o instante azado
 em que, ausente Roberto, eu fui gerado.

ELEONOR
 Plantagenet legítimo no gênio!
 Ricardo, eu sou tua avó; dá-me esse nome.

O BASTARDO

    Por acaso é que o sois; mas que importa isso?
    Quem não pode andar certo, anda de esguelha,
    pula a janela ou mesmo a claraboia,
    foge da luz, com a noite se aconselha
    para ser rico, embora com tramoia.
    Um pouco mais ou menos de fuligem...
    Se eu sou quem sou, que importa a minha origem?

REI JOÃO

    Já tens, Ricardo, quanto te apetece;
    um cavalheiro pobre te enriquece.
    Vamos, vamos, senhora, para a França
    com toda a pressa; a hora solene avança.

O BASTARDO

    Adeus, irmão; o céu de ti se agrade;
    foste gerado em plena honestidade.
    (*Saem todos, menos o Bastardo.*)
    Sou agora um pé de honra mais do que antes,
    mas perdi muitos pés de terras boas.
    Posso fazer senhora qualquer Joana.
    "Bom dia, Sir Ricardo!", "Deus vos guarde!"
    lhe respondo; e se Jorge for seu nome,
    Pedro lhe chamarei porque a nobreza
    concedida de pouco troca os nomes
    às pessoas, é indício de respeito
    na nova situação e de importância.
    Mas passemos agora à sobremesa,
    que o nosso amigo, a palitar os dentes
    se acha no meu lugar. Quando bem farto
    sentir o nobre estômago, um pouquinho
    chupo os dentes e digo ao elegante
    provinciano: "Meu caro..." assim falando

me apoio ao cotovelo, deste modo:
"Peço-vos…" A Pergunta, agora, é tudo.
A Resposta é igualzinha à da cartilha:
"Oh, meu senhor", diz a Resposta, "às vossas
ordens; em tudo vosso, caro amigo!".
"Não", retruca a Pergunta, "eu é que em tudo
me acho ao vosso dispor". E assim, muito antes
de saber a Resposta o que deseja
dela a Pergunta, em cumprimentos toda
se desfazendo e a parolar, sem pausa,
do rio Pó, dos Alpes e Apeninos
e até dos Pireneus, espicha a sua
conclusão até a mesa levantar-se.
Mas isso é sociedade respeitável
que diz bem com um espírito elevado
como o meu, pois não passa de um bastardo
do tempo quem não tem faro aguçado
para sentir o alto valor das formas —
aliás, bastardo eu sou de qualquer jeito —
não somente o que diz respeito aos traços
exteriores, às vestes e à conduta,
como também quem não gerar veneno
desde o íntimo, bem doce, muito doce,
para o gosto do tempo, o que hei de logo
procurar aprender, não com o intuito
de enganar, mas tão só como defesa,
para aliviar-me o esforço da subida.
Mas quem chega apressada, à cavaleira?
Uma mulher-correio? Não tem ela
marido que o trabalho a si tomasse
de anunciar com um corno a sua chegada?
(*Entram lady Faulconbridge e James Gurney.*)
Que vejo! Minha mãe! Então, senhora,
que é que vos traz à corte com tal pressa?

LADY FAULCONBRIDGE
 Onde se acha teu mano, aquele biltre
 que atassalha minha honra em toda a parte?

O BASTARDO
 Roberto, meu irmão? Filho do velho
 Sir Roberto? O gigante irresistível,
 Colbrant, o homem de força mais que humana?
 Buscais o filho, então, de Sir Roberto?

LADY FAULCONBRIDGE
 Como, rapaz irreverente! Filho
 de Sir Roberto? Zombas, porventura,
 de Sir Roberto? Não é ele, acaso,
 tão filho de Roberto como tu?

O BASTARDO
 James Gurney, não queres afastar-te
 por algum tempo?

GURNEY
                  Sim, meu bom Filipe.

O BASTARDO
 Filipe? Suba! James, há um zum-zum
 aí por fora. Depois conversaremos.
 (*Sai Gurney.*)
 Minha mãe, eu não sou filho do velho
 Sir Roberto, que bem podia a parte
 que ele em mim tem comer na sexta-feira
 da Paixão sem quebrar, com isso, o jejum.
 Sir Roberto era gente; mas, franqueza:
 podia ele gerar-me? Sir Roberto
 não podia fazê-lo; conhecemos

sua marca. Por isso, mãe querida,
a quem devo a feitura destes membros?
Sir Roberto jamais fez esta perna.

LADY FAULCONBRIDGE
 Estás mancomunado com Roberto,
quando devias a honra defender-me
para vantagem própria? Que traduzem
semelhantes palavras, malcriado?

O BASTARDO
 Boa mãe, cavaleiro, cavaleiro,
como o foi Basilisco. Fui armado
cavaleiro; ainda trago a marca no ombro.
Mas, minha boa mãe, eu não sou filho
de Sir Roberto. Já abri mão de tudo,
de Sir Roberto e de suas terras: nome,
nascimento legítimo, acabou-se!
Por isso, mãe, falai-me à puridade:
quem foi meu pai? Algum sujeito digno
quero crer. Mas, seu nome, mãe querida?

LADY FAULCONBRIDGE
 Renegaste o teu nome Faulconbridge?

O BASTARDO
 Como se renegasse o próprio diabo.

LADY FAULCONBRIDGE
 O rei Ricardo Coração de Leão
foi teu pai. Após longas e veementes
investidas, pode ele convencer-me
de deixá-lo subir para o meu leito
conjugal. Não me puna o céu por isso.

És o produto dessa cara ofensa
que me deixou sem forças e indefensa.

O BASTARDO
Por esta luz, senhora, se de novo
tivesse eu de nascer, não desejara
melhor pai. Há pecados que desfrutam
de certos privilégios. Nesse caso
se acha o vosso; não foi loucura a falta.
Importava rendêsseis a vontade,
como tributo voluntário, ao ímpeto
da paixão de Ricardo, a cuja cólera
e força irresistíveis nem o impávido
leão o ousio teve de antepor-se,
deixando nas mãos fortes do adversário
o coração real. Quem teve força
para arrancar o coração às feras,
facilmente vencera uma mulher.
Agradeço-te, ó mãe, mui cordialmente,
o ter o pai que tenho. E se algum biltre
disser que eu não nasci de amor eterno,
mandarei sua alma logo para o inferno.
Agora a meus parentes vou mostrar-te.
Todos dirão, verás, que foi honroso
no teu leito Ricardo tomar parte.
E quem o não disser é mentiroso.

(Saem.)

Ato II

Cena I

França. Diante dos muros de Angers. Entram, por um lado, o duque da Áustria, com tropas, por outro, Filipe, rei da França, com tropas, Luís, Constança, Artur e séquito.

REI FILIPE

Salve, diante de Angers, Áustria valente!
Artur, teu grande antepassado, aquele
Ricardo que arrancou ao rei das feras
o coração e foi na guerra santa
da Palestina, prematuro ao túmulo
baixou por causa deste bravo duque,
que ora, em reparação aos descendentes,
aqui se acha, atendendo a nossas súplicas,
com as cores desfraldadas na defesa
do teu direito e, assim, para castigo
da usurpação de teu perverso tio,
o inglês João. Abraça-o, por tudo isso,
tem-lhe amor e lhe almeja as boas-vindas.

ARTUR

Possa o céu perdoar-vos pela morte
de Coração de Leão, já que ora vindes
dar vida a seus herdeiros, amparando-lhes
o direito sob vossas fortes asas.
Dou-vos as boas-vindas com mão fraca,
mas com amor sem mancha a transbordar-me
do peito. Sede, pois, bem-vindo, duque.

FILIPE

Nobre criança, quem não te amparara?

DUQUE DA ÁUSTRIA

Este beijo afetuoso que na face
te deponho, é o carimbo do contrato

por que me obrigo a não voltar a casa
enquanto Angers e o jus que tens na França
com esta praia pálida, esta praia
de faces brancas, cujo pé rechaça
as ondas mugidoras do oceano
e contra o assalto dos demais países
protege os insulares; enquanto essa
Inglaterra, cercada pelas ondas,
esse baluarte de muralhas líquidas,
confiar na proteção que a põe a salvo
de estranhas incursões: enquanto este último
recanto do Ocidente não te houver
saudado como rei. Até esse instante,
não pensarei em ver a minha casa,
nem deporei as armas, belo jovem.

CONSTANÇA
Aceitai o que pode dar-vos uma
viúva e mãe: somente muitas graças,
até que vosso braço forte o mostre
vigoroso bastante, para dar-vos
outras provas de amor mais adequadas.

DUQUE DA ÁUSTRIA
A paz do céu está com quem empunha
a espada em tal pendência justa e santa.

FILIPE
Mãos à obra, pois. Viremos contra o rosto
da cidade rebelde os nossos fortes
canhões. Chamai os entendidos na arte
da guerra, porque os planos nos indiquem
de melhores vantagens. Os reais ossos
deixaremos defronte destes muros,

andaremos a vau em puro sangue
francês, até o mercado, mas, submissa
a cidade a esta criança entregaremos.

CONSTANÇA
Esperai a resposta da embaixada,
porque as espadas não se tinjam antes
de haver necessidade. É bem possível
que da Inglaterra Chatillon nos traga
precisamente a paz que ora intentamos
obter pela violência. Cada gota
nos pesara, do sangue que uma cólera
impensada desse azo a se perder.

(*Entra Chatillon.*)

FILIPE
Um milagre, senhora! Vosso anelo
se positiva: eis Chatillon que chega!
O que disse a Inglaterra, dize em poucas
palavras, gentil lorde. Todos calmos,
vamos ouvir-te. Fala, Chatillon.

CHATILLON
Virai, pois, vossas forças deste cerco
mesquinho e as aplicai num grande feito.
Inglaterra, irritado com a justiça
de vossa causa, encontra-se ora em armas.
A monção, que foi causa da demora
do meu retorno, lhe deu tempo para
desembarcar junto comigo as suas
legiões que a esta cidade se encaminham.
Suas forças são fortes; os soldados,
confiantes em si próprios. Com ele, ainda,

vem a rainha-mãe, Ate medonha,
que a sangue e lutas sem cessar o incita.
Lady Branca de Espanha, sua sobrinha,
a acompanha, e o bastardo do monarca
falecido. O vigor irrefreado
do país, voluntários ardorosos,
turbulentos sem medo, de aparência
feminil, mas com ímpeto de ardentes
e temíveis dragões, de seus haveres
na pátria desfizeram-se e, orgulhosos,
agora o patrimônio ao dorso trazem,
para nova fortuna aqui tentarem.
Em resumo: um pugilo tão seleto
de peitos indomáveis, como os que ora
nas quilhas da Inglaterra se balouçam,
jamais flutuou nas ondas empoladas
para a ruína trazer à cristandade.
(*Ouve-se ruído de tambor.*)
Dispensam seus tambores impudentes
fúteis divagações; acham-se à mão,
ou para luta, ou para conferência.
Preparai-vos, portanto.

FILIPE

                Como chega
fora de tempo semelhante exército!

DUQUE DA ÁUSTRIA

Quanto mais imprevisto, mais é força
que primemos nos meios de defesa.
Exalta-se a coragem com o momento.
Sejam bem-vindos; prontos nos achamos.

(*Entram o rei João, Eleonor, Branca, o bastardo, nobres e tropas.*)

REI JOÃO
   A paz seja com a França, caso a França
   nos permitir em paz a justa posse
   do que temos direito. Do contrário,
   venha a sangrar a França e a paz se evole,
   enquanto nós, iroso mandatário
   da cólera de Deus, corrigiremos
   a insolência que expulsa a paz divina.

FILIPE
   Seja a paz com a Inglaterra, se esta guerra
   da França se virar de vez contra ela,
   a fim de em paz ali viver. Amamos
   a Inglaterra; é por ela, tão somente,
   que suamos sob o peso destas armas.
   É a ti que competia este trabalho;
   mas o amor da Inglaterra está tão longe
   de dar-te algum cuidado, que arruinaste
   seu próprio rei legítimo, cortaste-lhe
   a ordem da sucessão, lançaste escárnio
   sobre a menoridade da realeza
   e violaste a inocência da coroa.
   Contempla aqui as feições de teu irmão
   Godofredo: estes olhos, esta fronte,
   foram moldados por seus traços; este
   pequenino resumo abrange quanto
   morreu em Godofredo; a mão do Tempo
   vai transformá-lo num volume grande.
   Mais velho do que tu Godofredo era;
   é seu filho este aqui. Era a Inglaterra
   de Godofredo por direito, que ora
   passou por sucessão para seu filho.
   Em nome, pois, de Deus, como se explica
   o chamares-te rei, se nestas fontes

pulsa ainda o sangue vivo a que compete,
tão somente, a coroa que usurpaste?

REI JOÃO
Quem te confere, França, ora o direito
de exigires de mim tantas respostas?

FILIPE
O juiz superno que desperta em todos
os peitos generosos o desejo
de descobrir as manchas e desonras
ao Direito infligidas, esse mesmo
juiz que me fez tutor deste menino,
que hei de salvaguardar de toda injúria.
Com seu auxílio espero castigar-te.

REI JOÃO
Não queiras usurpar autoridade.

FILIPE
Perdão! A usurpação é que eu coíbo.

ELEONOR
França, a quem chamas tu de usurpador?

CONSTANÇA
Eu quero responder: teu próprio filho.

ELEONOR
Para trás, insolente! Desejaras
que teu bastardo fosse rei, somente
para, como rainha, governares.

CONSTANÇA
Meu leito sempre foi fiel a teu filho
como o teu, porventura, a teu marido,
e este menino tem mais parecença
com seu pai Godofredo do que, acaso,
no gênio, João contigo, em que pareçam
como água e chuva, o diabo e a própria mãe.
Bastardo, o meu filhinho! Por minha alma!
Não creio que seu pai tivesse sido
gerado mais lealmente. Não! Como isso
fora possível, se a ele deste vida?

ELEONOR
Que mãe, menino, que a teu pai difama!

CONSTANÇA
Que avó, meu filho, que infamar-te almeja!

DUQUE DA ÁUSTRIA
Ficai quietas!

O BASTARDO
                Ouçamos o pregoeiro!

DUQUE DA ÁUSTRIA
Que diabo és tu?

O BASTARDO
                Alguém que há de convosco,
senhor, fazer de diabo, quando acaso
vos encontrar sozinho e a vossa pele.
Sois a lebre da fábula, que puxa
pela barba ao leão morto; se de jeito
vos pegar, o casaco hei de sujar-vos.
Acautelai-vos, tipo; hei de fazê-lo!

BRANCA
    Assentam bem as vestes do leão
    a quem ao próprio leão soube roubá-las.

O BASTARDO
    Assentam-lhe tão bem ao dorso, como
    as de Hércules num asno. Vou tirar-vos,
    asno, das costas esse fardo ingente
    e outro pôr que vos vai deixar doente.

DUQUE DA ÁUSTRIA
    Quem é o fanfarrão que nos aturde
    as orelhas com fôlego supérfluo?

FILIPE
    Decide logo, Luís, o que faremos.

LUÍS
    Olá, mulheres e homens sem juízo,
    cessai de discutir! Rei João, eis quanto
    nos importa: a Inglaterra, Maine, Irlanda,
    Anjou e Touraine eu as reclamo, como
    pertencentes a Artur. Estás disposto
    a resigná-las e a depor as armas?

REI JOÃO
    Antes a vida. França, desafio-te!
    Vem, Artur de Bretanha! A mim confia-te;
    meu amor vai te dar mais do que quanto
    pudesse conquistar a mão covarde
    da França. Vem, menino!

ELEONOR
                        Vem, meu filho;
    é tua avó que te chama.

CONSTANÇA
>Vai, meu bem;
vai com tua avó e lhe oferece um reino,
que tua avó te dará uma cereja,
passas e figo. É uma excelente avó!

ARTUR
Paz, minha boa mãe!
Desejara já estar na sepultura.
Não sou digno da luta que se trava
por minha causa.

ELEONOR
>Coitadinho! Chora;
sua mãe o envergonha.

CONSTANÇA
>Em vós recaia
toda a vergonha se isso for verdade.
Os insultos da avó, não a vergonha
da mãe são que lhe arrancam essas pérolas
que o céu comovem e que o céu recebe
como penhor. E certo: esse rosário
de cristal vai peitar o céu, levando-o
a fazer-lhe justiça e castigar-vos.

ELEONOR
Monstro que o céu e a terra calunia!

CONSTANÇA
Monstro que ao céu e à terra atira injúrias!
Não digas que me valho de calúnias.
Tu e teu filho é que usurpais as terras,
a realeza e os direitos desta criança
desprotegida, filho de teu filho

mais velho, que em ti, só, encontra causa
de chamar-se infeliz. Os teus pecados
são castigados nesta pobre criança.
A lei o atinge, visto ele encontrar-se
separado do ventre do pecado
por duas gerações, tão simplesmente.

REI JOÃO
Basta, louca!

CONSTANÇA
Direi mais isto, apenas:
que meu filho não é só castigado
pelos pecados dela; Deus fez dela,
como de seus pecados, o castigo
deste seu descendente, castigado
por ela e por sua causa. O seu pecado
à criança causa dano, é o responsável
por tudo. Na pessoa desta criança
ela é punida. A peste que a carregue!

ELEONOR
Boca ferina, eu poderia o título
de teu filho anular com um testamento.

CONSTANÇA
Quem o duvida! Ora essa! Um testamento
de mulher, de uma avó sem coração.

FILIPE
Calma, senhora, calma nessa língua!
Este lugar é impróprio para palmas
a essas repetições desafinadas.
Chame algum trombeteiro para os muros

os cidadãos de Angers. Que nos declarem
qual o título que eles reconhecem:
o de Artur ou o de João.

(Toque de trombeta; aparecem cidadãos sobre os muros.)

PRIMEIRO CIDADÃO
                    Quem nos convoca
para parlamentar desta muralha?

FILIPE
   França, pela Inglaterra.

REI JOÃO
   Inglaterra, por si. Vós, cidadãos
   de Angers, meus fiéis súditos…

FILIPE
                         Vós, homens
   de Angers, a Artur sujeitos, convocou-vos
   nossa trombeta para amável fala…

REI JOÃO
   … que nos toca de perto. Ouvi-nos, pois.
   As bandeiras da França, desfraldadas
   ante a vista e as feições desta cidade,
   aqui vieram, tão só, para arruinar-vos.
   Seus canhões têm entranhas transbordantes
   de cólera e se encontram preparados
   para cuspir em vossos muros sua
   indignação de ferro. Os impiedosos
   preparativos para um cerco horrível
   os olhos ora ameaçam da cidade,
   estas portas fechadas. Se não fosse

nossa vinda, essas pedras sonolentas
que, como cinto protetor, vos cercam,
a estas horas teriam de seu leito
de cal sido arrancadas pela força
da atroz artilharia, que estadeara
larga brecha por onde a sanguinosa
violência vossa paz destruir pudesse.
Mas à vista do vosso rei legítimo —
que, com bastante sacrifício, em marchas
forçadas conseguiu colocar forças
eficientes em face destes muros,
a fronte protegendo da cidade —
os franceses, tomados de surpresa,
em uma conferência condescendem,
e agora, em vez de balas envolvidas
em fogo, para febre abaladora
nos muros produzir-vos, eles jogam
palavras brandas em fumaça envoltas
porque os ouvidos a erro vos induzam.
Concedei-lhes o apreço que merecem,
caros concidadãos, e entrada franca
permiti-nos, a vosso soberano,
cujo ânimo, no afã de tantas marchas
cansativas reclama asilo certo
no recinto de vossa alta cidade.

FILIPE

Depois de eu ter falado, respondei-nos.
Aqui vedes à minha mão direita
que se votou diante de Deus à causa
do bem e da justiça, o jovem príncipe
Plantagenet, sobrinho que é deste homem,
por ser filho de seu irmão mais velho
e, por isso, seu rei e de quanto ele

possa ter. E no nome da equidade
conspurcada que a relva ante estes muros
calcamos com o aparato belicoso
de nossa expedição, ainda que vossos
inimigos não somos, senão quanto
de nós o exige o zelo hospitaleiro
que a consciência nos dita para alívio
desta criança oprimida. É de justiça,
portanto, que presteis fidelidade
a quem for de direito: ao jovem príncipe.
E como urso açaimado, nossas armas,
tirante o aspecto, mansas vão tornar-se;
a malícia de nossa artilharia
será vãmente gasta contra as nuvens
invulneráveis do alto; em retirada
sem cólera e entre bênçãos, livres nossos
elmos de qualquer mossa, espadas limpas,
a casa o sangue alegre levaremos
que viemos derramar ante estes muros,
e as esposas e os filhos vos deixamos,
bem como a vós, em paz. Mas se afastardes
nossa oferta amigável, loucamente,
não será, por sem dúvida, a espessura
de vossos muros carcomidos que há de
proteger-vos de nossos mensageiros
da guerra, muito embora estes ingleses,
com sua disciplina, abrigo achassem
em seu âmbito rude. Declarai-nos,
portanto, se a cidade nos conhece
como donos, e donos que aqui viemos
desafiar-vos, ou se é, ainda, preciso
fazer soar o sinal de nossa cólera
irreprimível e através de sangue
alcançarmos a posse do que é nosso.

PRIMEIRO CIDADÃO
  Em resumo: guardamos a cidade
  para o rei da Inglaterra, de quem somos.

REI JOÃO
  Reconhecei-me, pois; deixai-me entrar.

PRIMEIRO CIDADÃO
  Não pode ser; ao que provar que é rei,
  nos mostraremos leais; mas, até então,
  ao mundo inteiro as portas fecharemos.

REI JOÃO
  Não servirá de prova esta coroa?
  Se não bastar, aduzo testemunhas:
  trinta mil corações da cepa inglesa...

O BASTARDO
  Bastardos e outros.

REI JOÃO
  ... que com a vida o direito nos defendem.

FILIPE
  Tão numerosos e tão bem nascidos...

O BASTARDO
  Também com alguns bastardos...

FILIPE
  ... estes aqui lhe negam tal direito.

PRIMEIRO CIDADÃO
  Enquanto não provardes quem possui

melhores títulos, em nome desse
mais digno vos negamos submissão.

REI JOÃO
Que Deus absolva, então, todas as almas
que hoje subirem para a sua eterna
morada, antes que chegue a tarde rórida.

FILIPE
Amém! Amém! Às armas, cavalheiros!

O BASTARDO
São Jorge, que o dragão malhou de rijo,
e que montado em seu cavalo ainda hoje
se acha na tabuleta sobre a porta
da hospedagem em que eu resido há tempos,
que me ensine a brigar!
(*Ao duque da Áustria.*)
                     Olá, maroto!
Se na vossa caverna eu me encontrasse
com vossa leoa, eu colocara nessa
pele de leão uns alentados chifres,
em monstro transformando-vos.

DUQUE DA ÁUSTRIA
                     Silêncio!

O BASTARDO
Tremei, que estais ouvindo o leão rugir.

REI JOÃO
Para a planície, porque nossas tropas
disponhamos em ordem de combate.

O BASTARDO
Com pressa, então; fiquemos com a vantagem
do terreno.

DUQUE DA ÁUSTRIA
Será dessa maneira.
(*A Luís.*)
Na outra colina conservai as tropas
de reserva. E ora: Deus e nossa causa!

(*Saem. Toque de rebate e movimento de tropas; depois, retirada. Entra um arauto francês, com trombetas, e avança até às portas da cidade.*)

ARAUTO FRANCÊS
Abri de par em par, homens de Angers,
vossas portas a Artur, o jovem duque
da Bretanha, que graças à mão forte
da França deu assunto para lágrimas
a muitas mães inglesas, cujos filhos
sobre o solo sangrento ora se encontram.
Muitas viúvas, também, veem os maridos
abraçando, sem vida, a terra pálida.
Com poucas perdas a vitória exulta
nos lábaros franceses que, triunfantes,
já se acham desfraldados para entrarem
como conquistadores e, aqui dentro,
proclamarem o duque da Bretanha
rei da Inglaterra e vosso soberano.

(*Entra um arauto inglês, com trombetas.*)

ARAUTO INGLÊS
Homens de Angers, mandai tocar os sinos

em sinal de alegria, que o rei João,
rei da Inglaterra e vosso soberano,
já se aproxima como vencedor
deste dia difícil e agitado.
Suas armas, tão brancas até há pouco,
voltam tintas no sangue dos franceses;
nenhuma pena, ondeante, a nossos elmos,
foi tirada por lanças inimigas;
nossas bandeiras ainda vêm trazidas
pelas mãos que, ao partirmos, as levavam.
É como caçadores turbulentos
que os alegres ingleses ora voltam,
com mãos empurpuradas pela tinta
que correu da matança dos inimigos.
Abri, pois, vossas portas à vitória!

PRIMEIRO CIDADÃO
Arautos, destas torres nós pudemos
acompanhar o assalto e a retirada
das forças em combate, sem que nossos
melhores olhos censurar pudessem
seu perfeito equilíbrio: sangue a sangue
comprou, golpes a golpes respondiam,
força a força se opunha, resistências
iguais se confrontavam. Sois iguais.
Assim, de ambos gostamos igualmente.
Mas é preciso que um de vós dê provas
de superioridade. Enquanto fordes
de peso igual, não há de ser a nossa
cidade de nenhum, mas de vós ambos.

(*Voltam os dois reis com suas tropas, separadamente.*)

REI JOÃO

    Ainda podes perder, França, mais sangue?
Dize-nos se a corrente do direito
que defendemos já tem livre curso.
Irritada com tua resistência,
vai ela o leito abandonar e em fúria
vastadora inundar os teus domínios,
a menos que consintas, vão suas águas
argentinas defluindo no seu curso
pacífico, até o oceano.

FILIPE

                Ouve, Inglaterra:
nesta prova ardorosa não poupaste
uma gota de sangue mais que a França.
Perdeste muitas mais. Por esta mão
que impera até onde o clima aqui se estende,
juramos não depor as nossas armas
votadas à Justiça, sem que ao solo
te joguemos, escopo desta guerra,
ou aumentemos o número dos mortos
de uma unidade real, para que a lista
que relatar o morticínio ingente
se enriqueça com o nome de um monarca.

O BASTARDO

    Ó Majestade! Como a tua glória
sobe de ponto, quando o rico sangue
dos monarcas se incende! Agora a morte
recobre de aço os fortes maxilares;
são-lhe dentes e garras as espadas
dos soldados; alegre banqueteia-se,
tragando carne humana nas contendas
indecisas dos reis. Por que se encontram

estupefatas essas tropas reais?
Gritai "Chacina!", ó reis! Levai de novo
para o campo sangrento vossas forças
equilibradas, vossos inflamados
espíritos! Depois, que a perda de uma
das partes a vitória da outra afirme.
Mas até lá, só golpes, sangue e morte!

REI JOÃO
 A gente da cidade com quem fica?

FILIPE
 Falai pela Inglaterra, cidadãos:
 quem é vosso monarca?

PRIMEIRO CIDADÃO
                        É o da Inglaterra,
 logo que o conhecermos.

FILIPE
                        Nesse caso,
 reconhecei-o em nós, que o defendemos.

REI JOÃO
 Em nós, representantes de nós próprios,
 e que nossa pessoa aqui trazemos,
 donos de nós, de vós e da cidade.

PRIMEIRO CIDADÃO
 Um poder mais possante do que o nosso
 não nos deixa aceder. Enquanto a luta
 não ficar decidida, trancaremos
 com portas bem fechadas nosso medo,
 que em nós há de mandar, até que venha
 depô-lo e desfazê-lo um rei de fato.

O BASTARDO
 Ó reis! Essa canalha está zombando
 de todos vós! Postados nas ameias
 dos muros, como em teatro, sem correrem
 perigo algum, criticam calmamente
 vossas cenas sutis e atos de morte.
 Que vossas reais presenças sigam nisso
 meu conselho: firmai pacto amistoso,
 como em Jerusalém de certa feita
 os rebeldes fizeram e, de acordo,
 dirigi contra os muros da cidade
 toda a vossa malícia destruidora.
 Poste a França e a Inglaterra a leste e a oeste
 seus canhões carregados até à boca,
 para que seus bramidos terrorantes
 façam ruir por terra os pétreos membros
 da cidade impudente. Em vosso caso,
 eu não daria trégua a esses velhacos,
 enquanto não ficassem entre as ruínas
 tão despidos como o ar que respiramos.
 Isso feito, apartai de novo as forças
 e as bandeiras que unidas estiveram;
 oponde rosto a rosto e ponta a ponta
 sanguinosa, e a Fortuna, em pouco tempo,
 seu feliz favorito dentre as vossas
 filas há de escolher, a quem, bondosa,
 cederá toda a glória da jornada,
 conferindo-lhe o beijo da vitória.
 Poderosos Estados, agradais-vos
 do conselho selvagem? Não revela
 certo sabor, que lembra o da política?

REI JOÃO
 Por este céu, que no alto se distende,

agrada-me o conselho. Queres, França,
unir as forças e arrasar Angers,
para, após, decidirmos pelas armas
quem deve governá-la?

O BASTARDO
               Se tiveres
brio de rei, magoado como deves
estar qual nós estamos, com as ofensas
desta cidade impertinente, faze
como nós: vira a tua artilharia
contra esta fortaleza petulante,
porque depois de ao solo a nivelarmos,
daremos pábulo a nosso ódio eterno
em luta pelo céu ou pelo inferno.

FILIPE
  Que seja. E ora dizei-nos: de que ponto
dareis o assalto?

REI JOÃO
           Do oeste mandaremos
destruição ao peito da cidade.

DUQUE DA ÁUSTRIA
  Eu, do norte.

FILIPE
        Do sul, nossos trovões
despejarão seus raios contra os muros.

O BASTARDO
  Sul contra norte! Oh! Esplêndida estratégia!
França e Áustria, assim, com a artilharia rouca

uma à outra há de fazer calar a boca.
Convém espicaçá-los. Toca! Avante!

PRIMEIRO CIDADÃO
 Grandes reis, atendei-nos um instante.
 Vou mostrar-vos o modo de firmardes
 paz, tornar-vos amigos, a cidade
 conquistar sem mais perdas nem violência,
 permitindo que a Morte, de futuro,
 no leito alcance as vidas que nos campos
 agora ao sacrifício se acham prontas.
 Não prossigais, monarcas, e atendei-nos.

REI JOÃO
 Fala; tens permissão; vamos ouvir-te.

PRIMEIRO CIDADÃO
 Essa filha da Espanha, lady Branca,
 aí presente, é parenta da Inglaterra.
 Contai os anos dessa linda moça
 e os do delfim Luís. Se o vigoroso
 Amor saísse em busca de beleza,
 onde a achara mais bela do que em Branca?
 Se o Amor zeloso ansiasse por virtude,
 onde a achara mais pura do que em Branca?
 Se, cheio de ambição, o Amor fizesse
 questão de nascimento, onde encontrara
 sangue de mais nobreza do que o sangue
 que em suas veias pulsa? Tal como ela,
 em beleza, virtude e nascimento,
 é, também, o delfim, completo em tudo.
 Se algo falece, é que ele ela não é.
 A ela, por sua vez, nada lhe falta —

se em falta se falar — a não ser que ela,
não sendo ele, não pode ser completa.
Ele é a metade de um feliz mancebo,
que deve ser por ela completada;
ela, excelência em parte dividida,
que espera a perfeição dele somente.
Se essas correntes argentinas vierem
a se unir algum dia, glória imensa
conferirão às margens que as ladeiem.
Sede, portanto, ó reis, para essas duas
correntes confundidas as fronteiras,
os limites, as praias, contribuindo
para a união dos dois jovens. Esse enlace
será de mais efeito sobre os nossos
bem fechados portões que toda a fúria
de vossas baterias, pois mais rápido
que a pólvora, fará que se escancarem
para vos dar passagem. Mas sem ele,
não há de ser mais surdo o mar furioso,
os leões, mais resolutos, nem mais firmes
montanhas e rochedos; nem a própria
Morte poderá ser mais peremptória
do que nós na defesa da cidade.

O BASTARDO
Eis um pregão que a pútrida carcaça
da Morte faz mexer-se nos seus trapos!
Boca imensa, de fato, que vomita
morte e montanhas, mares e rochedos,
e tão familiarmente se refere
a leões ferozes, como, a seus cãezinhos,
menina de treze anos. Terá sido
gerado esse sujeito tão valente

por algum canhoneiro? Só se exprime
por canhões, fogo, fumo, estrondo e gritos.
Com a língua, bastonadas ele aplica;
rompe-nos os ouvidos; não profere
palavra que não bata mais certeira
do que um punho francês. Nunca as palavras
me desancaram tanto, dês que o nome
de papai dei ao pai de meu irmão.

ELEONOR
(*À parte, ao rei João.*)
Filho, aceita a proposta, firma as núpcias;
prontifica-te a dar um dote grande
para nossa sobrinha, que esse laço
de tal modo a coroa pouco firme
virá consolidar-te; luz propícia
jamais poderá ter aquela criança
para os frutos opimos que promete.
No semblante de França leio anuência.
Vê como eles cochicham. Vamos! Urge
com eles insistir, enquanto na alma
revelam ambição, para que o zelo
da piedade e da súplica de novo
não se congele e volte a ser o que era.

PRIMEIRO CIDADÃO
Por que as duas grandezas nada dizem
à ideia amiga da cidade aflita?

FILIPE
Inicie Inglaterra, por ter sido
quem a cidade interpelou primeiro.
Que dizeis?

REI JOÃO
> Se o delfim, teu nobre filho,
> ler neste livro de beleza "Eu amo",
> como de uma rainha será o dote
> da noiva, porque Anjou, Touraine bela,
> Maine, Poictiers e tudo quanto deste
> lado das águas — excetuando apenas
> esta cidade a que ora pomos cerco —
> a nossa Dignidade está sujeito,
> dourará o leito à noiva e a fará rica
> em poderios, títulos e estima,
> como em sangue, beleza e fino trato
> ela a qualquer princesa se equipara.

FILIPE
> Que dizes, filho? Olha de frente a moça.

LUÍS
> É o que eu faço, senhor, e maravilha
> nos olhos lhe descubro, ou bem, milagre
> maravilhoso: minha sombra aí vejo,
> que embora seja a sombra, simplesmente,
> de vosso filho, em sol se torna e deixa
> vosso filho a uma sombra reduzido.
> Juro que nunca amei tanto a mim mesmo
> como agora, ao me ver reproduzido
> na tela aduladora desses olhos.
> (*Fala em segredo com Branca.*)

O BASTARDO
> Desenhado na tela dos seus olhos!
> Pendente de um dos ganchos das pestanas!
> No peito, esquartejado! Que de abrolhos

no caminho do amor! Só sinto ganas
de esquartejar, de fato, esse pascácio
que para amar recorre a tal prefácio.

BRANCA
 Neste particular acedo a quanto
 meu tio decidir. Se ele vir algo
 que lhe possa agradar em vosso todo,
 seja o que for, farei com que esse adorno
 para minha vontade se transfira,
 ou, se o quiserdes, sem ambages: hei de
 saber recomendá-lo ao meu afeto.
 Mais não direi, milorde, lisonjeando-vos,
 que me merece amor quanto em vós vejo.
 Direi somente que não vejo nada —
 ainda que viesse a Inveja ora julgar-vos —
 que ódio ou repulsa despertar consiga.

REI JOÃO
 Que diz o jovem par? E vós, sobrinha?

BRANCA
 Que a honra obriga a fazer sempre o que vossa
 sabedoria decidir por ela.

REI JOÃO
 Então, delfim, responde-nos se podes
 amar esta beldade.

LUÍS
          Perguntai-me
 se me é possível de adorá-la abster-me,
 porque lhe tenho amor sinceramente.

REI JOÃO
   Com ela, então, te dou cinco províncias:
   Anjou, Poictiers, Vexin, Touraine e Maine,
   com mais trinta mil marcos de ouro inglês.
   Vê, Filipe da França, se concordas
   em que teus filhos ora as mãos apertem.

FILIPE
   Apraz-nos, sim; uni, filhos, as mãos.

DUQUE DA ÁUSTRIA
   E os lábios, por que não? Nem fareis mais
   do que eu, quando asselei meus esponsais.

FILIPE
   Abri as portas, agora, homens de Angers,
   para entrar a aliança que firmastes,
   pois vão ser celebradas logo as núpcias
   na capela dicada à mãe de Deus.
   Não está lady Constança entre os presentes?
   Vejo que não; caso contrário, fora
   perturbada a alegria desta aliança.
   Onde ela está? E o filho? Quem o sabe?

LUÍS
   Triste, à tenda se foi de Vossa Alteza.

FILIPE
   Por minha fé, a aliança que firmamos
   só dará pouco alívio às suas penas.
   Caro irmão da Inglaterra, de que modo
   contentaremos a rainha viúva?
   Viemos a defendê-la; no entretanto,

Deus o sabe, desviamo-nos da estrada,
para nossa vantagem.

REI JOÃO

                 Será fácil
sanar tudo isso: o título daremos
ao moço Artur de duque da Bretanha
e conde de Richmond, sobre fazermo-lo
senhor desta cidade rica e bela.
Sem demora chamai lady Constança;
vá logo um mensageiro convidá-la
para a solenidade. Penso ser-nos
possível, quando não toda a medida
encher de seus desejos, pelo menos
satisfazê-la de tal modo que ela
ficará sem motivo de queixar-se.
Vamos com a pressa que nos for possível
para a festa imprevista e improvisada.

(Saem todos, com exceção do Bastardo. Os cidadãos se retiram das ameias.)

O BASTARDO

Mundo louco! Reis loucos! Louca aliança!
Para deter as pretensões, por junto,
de Artur, de grado João cede uma parte;
a França, que com as armas da consciência
seria invulnerável e que o zelo
cristão e a caridade transformaram
num soldado de Deus, impulsionando-a
para o campo da luta, ouvidos presta
a esse muda-projetos, a esse diabo
manhoso, o alcoviteiro que transforma
no contrário a lealdade, jura falso

cem vezes por minuto e ganha sempre
de todos, de mendigos, reis, mancebos,
raparigas e anciões, e que, no caso
de não ter a perder mais coisa alguma
senão o termo "virgem", burla as virgens;
esse senhor de tão macio rosto,
o Interesse insinuante e adulador,
sim, o Interesse, a rampa em que despenha,
sem se deter, o mundo, que em si mesmo
revelava equilíbrio e que rolava
lisamente em terreno sempre plano
até que esse proveito, essa ladeira
viciada, esse fautor de movimento,
o Interesse, o tirasse do equilíbrio,
de toda a direção, projeto e intento!
E esse mesmo pendor, esse Interesse,
esse alcaiote tecedor de intrigas,
palavra que transforma tudo a todos
os momentos, lançado contra os olhos
da França tão volúvel, fez que logo
desistisse do auxílio que ela própria
decidira prestar e de uma guerra
principiada com honra, para, agora,
concluir uma paz vil e infamante.
Por que cubro de injúrias o Interesse?
Tão somente por não me ter ainda
conquistado. É certeza: eu não teria
coragem de fechar a mão, se, acaso,
se dispusessem seus bonitos anjos
a me cumprimentar. Não tendo sido
tentada ainda, ela é como a dos pobres
mendigos que os ricaços vitupera.
Pois o mesmo farei, enquanto pobre:
não há pecado como o da riqueza,

direi então; mas quando ficar rico,
direi ser a miséria o único vício.
Se a ambição, entre os reis, é quase uma arte,
Interesse, és meu deus: quero adorar-te.
(*Sai.*)

Ato III

Cena I

França. A tenda do rei francês. Entram Constança, Artur e
Salisbury.

CONSTANÇA
>Foram casar-se! A paz vai ser jurada!
>Sangue perjuro unido a sangue falso!
>Vão ser amigos! Luís fica com Branca,
>e esta fica de posse das províncias!
>Não pode ser; ouviste mal; enganas-te.
>Reflete bem; repete a tua história;
>não pode ser assim; és tu que o dizes,
>simplesmente. Confio que não posso
>confiar no que disseste, que a palavra
>saída da tua boca é o sopro, apenas,
>de indivíduo comum. Fica sabendo,
>homem, que não te creio; oposta a isso,
>tenho a jura de um rei. Vais ser punido
>por me assustares tanto; eu sou sensível
>ao medo, sou doente, acabrunhada
>de injustiças. Por isso, tenho medo;
>não tenho já marido, sou viúva,
>medrosa, sou mulher, naturalmente
>nascida para estar sujeita ao medo.
>E embora confessasses que querias
>apenas gracejar, eu não pudera
>mais sossegar o espírito assustado
>que vai ficar tremendo o dia todo.
>Por que a cabeça abanas tanto e tanto?
>Por que tão tristemente olhas meu filho?
>Por que essas tristes lágrimas te escapam
>dos olhos, como rio que transborda?
>Confirmam tais sinais o que disseste?
>Fala de novo, não a história toda

de há pouco, mas somente uma palavra:
se é verdade ou mentira o que contaste.

SALISBURY
Tão verdadeiro, como credes falsos
quantos os que têm culpa de sentirdes
a verdade de toda a minha história.

CONSTANÇA
Se me ensinas a crer nessa tristeza,
mostra à tristeza o meio de matar-me,
fazendo que se encontre a crença e a vida,
como a fúria de dois desesperados
que se chocam, a um tempo e, mortos, caem.
Luís casar com Branca! Onde te encontras,
meu filho? Amiga a França da Inglaterra,
que de mim será feito? Homem, retira-te!
Já não suporto ver-te! Essa notícia
te transforma em criatura horripilante.

SALISBURY
Senhora, que fiz eu, senão contar-vos
o mal que outras pessoas praticaram?

CONSTANÇA
Tão odioso é esse mal em sua essência,
que quem dele se ocupa causa dano.

ARTUR
Acalmai-vos, senhora, eu vos suplico.

CONSTANÇA
Se tu, que me concitas a acalmar-me,
fosses feio, ridículo, a vergonha

do ventre de tua mãe, cheio de nódoas
repugnantes, de manchas repulsivas,
coxo, idiota, cambaio, negro, monstro,
cheio de horríveis marcas, de verrugas
desagradáveis, pouco me importara;
poderia ficar, até, contente,
porque, assim, não te amara, não terias
sido merecedor de tua alta estirpe,
nem da coroa. No entretanto, és belo;
ao nasceres, criança, a natureza
com a Fortuna, em porfia, te exaltaram.
Em dons da natureza tu suportas
paralelo com os lírios inocentes
e com os botões de rosa. Mas a falsa
Fortuna se mudou, foi corrompida,
desviada do teu lado; ela comete
a toda hora adultério com teu tio;
com sua mão dourada incita França
a pisar os direitos da realeza,
transformando-o num reles alcaiote.
França faz o papel de alcoviteiro
entre a Fortuna e João, essa Fortuna
prostituta e o rei João usurpador!
Dize, amigo, se França não é perjuro.
Envenena-o ao menos com palavras,
ou retira-te e as dores abandona
que suportar a mim, tão só, compete.

SALISBURY
    Perdão, senhora, mas sem vós não posso
    retornar à presença dos monarcas.

CONSTANÇA
    Podes e deves; não irei contigo.

Vou ensinar a tristeza a ter orgulho,
que a dor é altiva e ao sofredor faz digno.
Os reis que me procurem nos domínios
da minha grande dor. Tão grande ela é,
que só poderá ter como suporte
a imensidão da terra. Aqui me fico;
com tal dor não me sinto em abandono;
venham curvar-se os reis ante o meu trono.
(*Senta-se no chão. Entram o rei João, o rei Filipe, Luís, Branca, Eleonor, o Bastardo, o duque da Áustria e séquito.*)

FILIPE

Sim, filha encantadora, a França há de esta
data comemorar daqui por diante.
Para solenizá-la, o sol glorioso
vai deter a sua marcha para ao jeito
fazer dos alquimistas, transformando,
com o brilho dos seus olhos, esta magra
costa da terra em ouro cintilante.
A volta anual de semelhante dia
há de ser para nós sempre feriado.

CONSTANÇA

(*Levantando-se.*)
Feriado não! Um dia amaldiçoado!
Qual o valor do dia, que fez ele
para ficar inscrito em letras de ouro
como alto festival do calendário?
Não! Deveis apagá-lo da semana,
porque indica opressão, perjúrio e opróbrio.
No caso de ficar, então que rezem
as mulheres em véspera de parto
porque do peso não se vejam livres
neste dia maldito, só de medo

de monstros se tornarem seus anelos.
Só neste dia os viajantes devem
ter medo de naufrágio; nele, apenas,
não mantenham palavra os contratantes.
Quanto for começado nesta data,
terá de acabar mal; até a lealdade
se mudará na vil hipocrisia.

FILIPE

Penso, senhora, que não tendes causa
de amaldiçoar os feitos deste dia.
Não tendes em penhor minha realeza?

CONSTANÇA

Passastes-me uma moeda com a aparência,
tão só, dessa realeza, que não pode
resistir aos exames. Sois perjuro,
perjuro! Armado viestes para o sangue
verter dos meus inimigos, mas agora
com vossas armas reforçais as deles.
O vigor combativo e a catadura
da guerra se embrandecem na amizade,
no artifício da paz; esse contrato
vai buscar força em nosso sofrimento.
Armai-vos, céu! Puni os reis perjuros!
É uma viúva que clama! Esposo sede-me!
Que as horas deste dia amaldiçoado
não transcorram em paz, mas que muito antes
de o sol se recolher nasça a discórdia
entre estes reis perjuros. Atendei-me!

DUQUE DA ÁUSTRIA

Lady Constança, calma!

CONSTANÇA
                    Guerra! Guerra!
Não, paz! A paz é guerra para mim.
Ó Limoges! Ó Áustria! — tu envergonhas
teu espólio sangrento! Miserável,
covarde, escravo indigno! Tu, valente
pequeno, grande apenas nas torpezas!
Só reforças o lado dos mais fortes.
Pioneiro da Fortuna, tu não lutas
senão quando essa dama caprichosa
se acha perto e te enseja a salvaguarda.
És perjuro, também, porque bajulas
a grandeza. Que tolo primoroso
te revelaste, um tolo rastejante,
para te pavoneares tanto e tanto
no meu lado e jurares defender-me!
Não trovejaste do meu lado, escravo
de sangue frio, que me ampararias?
Não me disseste que confiasse em tua
fortuna, em teu poder? E não passaste
para os meus inimigos? Trazes uma
pele de leão. Retira-a, envergonhado;
põe nesses ombros vis a de um carneiro.

DUQUE DA ÁUSTRIA
  Se um homem me dissesse essas palavras!

O BASTARDO
  Põe nesses ombros vis a de um carneiro.

DUQUE DA ÁUSTRIA
  Por tua vida, vilão, não mo repitas!

Vida e morte do rei João

O BASTARDO
  Põe nesses ombros vis a de um carneiro.

REI JOÃO
  Esqueces-te de ti; não gosto disso.

(*Entra Pandolfo.*)

FILIPE
  O legado do papa vem chegando.

PANDOLFO
  Salve, ungidos de Deus e deputados
  do céu! E a ti, rei João, que se dirige
  minha missão sagrada. Aqui me encontro,
  eu, Pandolfo, cardeal de Milão bela,
  como legado de Inocêncio, para
  te perguntar por ele, em sã consciência,
  por que com tanta obstinação maltratas
  a Igreja, nossa mãe, e por que causa
  com violência expulsaste de sua sede
  a Estêvão Langton, arcebispo eleito
  de Cantuária? E em nome do citado
  santo papa Inocêncio, que eu te faço
  todas essas perguntas.

REI JOÃO
                    Qual é o nome
  terreno que se arroga o privilégio
  de impor qualquer tarefa ao livre sopro
  de um monarca sagrado? Não podias,
  cardeal, citar um nome tão ridículo,
  tão indigno e vazio, para a alguma
  resposta me forçar, como o do papa.

Pois conta-lhe isso e o que ora sai da boca
da Inglaterra: nenhum padre italiano
receberá em nossas terras dízimos
ou qualquer outro imposto. Porque somos
sob o céu o poder mais elevado,
determinamos governar sozinhos
onde nos afeta é a supremacia,
sem o auxílio de mão mortal alguma.
Dize isso ao papa, sem maior respeito
a ele ou sua usurpada autoridade.

FILIPE

Blasfemais, caro mano da Inglaterra!

REI JOÃO

Ainda que os reis da cristandade em peso
vos deixeis conduzir grosseiramente
por esse padre intrometido, e medo
mostreis da maldição que se abastarda,
uma vez que se compra por vil ouro,
por escórias, por poeira, o corrompido
perdão de um indivíduo que na venda
mercadeja o perdão dele somente;
embora enriqueçais com vossas rendas,
vós e os mais, a esse astuto feiticeiro,
eu sozinho — sozinho! — me levanto
contra o papa, passando doravante
a ter por inimigos seus amigos.

PANDOLFO

Então, pelo poder de que me encontro
revestido, és maldito e excomungado!
Abençoado será quem seu apoio
negar daqui por diante a um tal herege,
e meritória seja a mão chamada,

canonizada e tida como santa,
que conseguir truncar, de qualquer jeito,
essa vida execranda.

CONSTANÇA

     Oh, que me seja
permitido também, por um momento,
amaldiçoar com Roma! Dizei *amen*
meu bom padre cardeal, a meus ardentes
votos de maldição. Sem os motivos
dos meus agravos, todos, língua alguma
poderá com direito amaldiçoá-lo.

PANDOLFO

A minha maldição, senhora, encontra
confirmação na lei.

CONSTANÇA

     Também a minha.
Quando não pode a lei fazer justiça,
é legal impedir que seja injusta.
Por lei, meu filho não obtém seu reino,
porque quem o detém, detém a lei.
Se a lei, pois, é injustiça, como pode
obstar que minha língua amaldiçoe?

PANDOLFO

Filipe, deixa a mão desse arqui-herético,
se não queres ficar amaldiçoado,
e levanta contra ele toda a França,
a menos que ele a Roma se submeta.

ELEONOR

Empalideces, França? Não retires
a mão.

CONSTANÇA
    Atenção, Diabo! Não consintas
que França tire a mão; perdes uma alma.

DUQUE DA ÁUSTRIA
    Rei Filipe de França, ouvi o cardeal.

O BASTARDO
    Põe nos ombros a pele de um carneiro!

DUQUE DA ÁUSTRIA
    Sou forçado a embolsar, biltre, essa afronta,
porque...

O BASTARDO
        ... tendes as calças bem folgadas.

REI JOÃO
    Filipe, que respondes ao cardeal?

CONSTANÇA
    Que poderá dizer, senão o que o próprio
cardeal já enunciou?

LUÍS
        Pai, refleti,
que a diferença é a maldição pesada
de Roma ou a leve perda da Inglaterra.
Abri mão da mais leve.

BRANCA
        A maldição
de Roma.

CONSTANÇA
>Luís, sê firme; o diabo veio
tentar-te sob a forma de uma noiva
de cabelos ao vento.

BRANCA
>Não se exprime
lady Constança com lisura; apenas
fala a necessidade.

CONSTANÇA
>Se concedes
essa necessidade, que só vive
porque a fé pereceu, ser-te-á forçoso
inferir que vivera a fé de novo,
caso a necessidade perecesse.
Quando a necessidade derrubares,
a fé se elevará resplandecente;
deixa aquela de pé que esta se abate.

REI JOÃO
O rei está comovido; não responde.

CONSTANÇA
Dele te afasta e dize-lhe o que importa.

DUQUE DA ÁUSTRIA
Faze isso, rei Filipe; não prossigas
mais suspenso.

O BASTARDO
>Suspende a pele, apenas,
de um carneiro, ó meu doce paspalhão!

FILIPE
    Estou perplexo; o que dizer, não sei.

PANDOLFO
    Mais perplexo hás de ser com o que disseres,
    se ficares maldito e excomungado.

FILIPE
    No meu lugar vos ponde, reverendo,
    e dizei-me o que havíeis de fazer.
    Esta real mão e a minha, não faz muito,
    viram-se unidas; acham-se casados
    os corações, ligados no imo peito
    pela força de votos religiosos
    e liames sacrossantos. O nosso último
    alento que fez soar umas palavras
    tratava de amizade, amor sincero,
    paz e fidelidade entre os dois reinos
    e nossas reais pessoas. No entretanto,
    pouco antes dessas tréguas, não mais tempo
    do que o preciso para as mãos lavarmos,
    a fim de que esse pacto real firmássemos,
    só Deus o sabe, estavam elas sujas
    do pincel carregado da chacina
    com que a Vingança desenhado havia
    o terrível dissídio entre monarcas.
    E ora essas mãos, que só de pouco se acham
    limpas de sangue, tão recentemente
    no amor entrelaçadas, que tão fortes
    em ambos se mostravam, esses laços
    irão quebrar e os sacros juramentos?
    Zombar, assim, da fé? Brincar com as coisas
    sagradas, como crianças inconstantes,
    e desligar as mãos tão bem unidas?

Mostrarem-se perjuros, sobre o leito
   de núpcias, todo em flor, lançar um hóspede
   sanguinoso e aprestar um morticínio
   na gentil fronte da amizade pura?
   Ó reverendo padre, homem sagrado,
   resolvei de outro modo! Em vossa graça
   excogitai, imponde outra medida
   menos severa, que feliz seremos
   em acatá-la, continuando amigos.

PANDOLFO
   Informe é a forma e desordeira a ordem
   que contra o amor inglês não se opuserem.
   Por isso, às armas! Sê campeão da Igreja;
   caso contrário, a Igreja, nossa mãe,
   a maldição te lança, maldição
   de uma mãe contra o filho revoltado.
   França, ser-te-á mais fácil segurares
   pela língua a serpente, o leão zangado
   pela pata terrível e o famélico
   tigre pelos queixais, do que nas tuas
   essa mão prosseguires apertando.

FILIPE
   Posso a mão retirar, não a palavra.

PANDOLFO
   Fazes da honra a inimiga da própria honra;
   como em civil discórdia, juramento
   opões a juramento, língua a língua.
   Em primeiro lugar, realiza o voto
   que ante o céu assumiste, isto é, de seres
   campeão de nossa Igreja; o que juraste
   depois, contra ti próprio foi jurado;

por ti mesmo não pode ser cumprido,
pois tudo o que juraste erradamente,
se com acerto obrares, se corrige.
Onde a ação tende ao mal, o certo, sempre,
consistirá em não fazer mais erros.
O melhor, sempre que algo de incorreto
pretendemos fazer, é errar de novo.
Conquanto isso consista num desvio,
este vai dar, alfim, no bom caminho.
A falsidade cura a falsidade,
tal como o fogo abranda o próprio fogo
dentro das veias que o cautério abrasa.
É a religião que os votos nos preserva.
Foi contra a religião que te empenhaste;
jurando por aquilo por que juras,
apresentaste um juramento como
penhor de tua fé, numa emergência
contra esse juramento. A fé, no entanto,
que a jurar te levou, te obriga, apenas,
a não seres perjuro. Do contrário,
que escárnio não seria o juramento!
Juraste para ser, tão só, perjuro,
o que serás mais ainda, persistindo.
Teu voto último, pois, contra o primeiro
é revolta de ti contra ti mesmo.
Jamais conseguirás maior vitória
do que armando a constância e o que de nobre
tens no imo peito contra esses engodos.
É para essa porção que dirigimos
nossas preces, no caso de atendê-las.
Caso contrário, sabe que o perigo
de nossa maldição sobre ti pende
por maneira tão grave que impossível
ser-te-á livrar-te dela, sendo força
pereceres sob esse negro fardo.

DUQUE DA ÁUSTRIA
 É franca rebelião!

O BASTARDO
 Não tapará
 essa boca uma pele de carneiro?

LUÍS
 Pai, às armas!

BRANCA
 No dia de tuas núpcias?
 Contra o sangue que acabas de esposar?
 Como! Festejaremos nosso enlace
 com corpos mutilados? As trombetas
 atroantes e os tambores rumorosos —
 clamor do inferno — marcarão o compasso
 para o nosso cortejo? Ó esposo, escuta-me!
 Esposo! Como é nova essa palavra
 dita por mim! Por esse nome caro,
 que eu jamais pronunciei até este instante,
 imploro-te de joelhos não pegares
 armas contra meu tio.

CONSTANÇA
 Nestes joelhos,
 à força de ajoelhar tão calejados,
 ó virtuoso delfim, eu te suplico
 não mudares o curso do destino
 que o céu determinou!

BRANCA
 Ora vou ver se me amas. Qual o nome
 que mais te obrigará do que o de esposa?

CONSTANÇA
O que ampara teu próprio sustentáculo:
sua honra! Luís, tua honra, a tua própria honra!

LUÍS
Por que tão frio Vossa Majestade
se mostra, quando tem tantos motivos
para atuar sem delongas?

PANDOLFO
                      Vou lançar-lhe
a maldição.

FILIPE
       Não tens necessidade.
Inglaterra, separo-me de ti.

CONSTANÇA
Oh! Retorno admirável da banida
Majestade!

ELEONOR
             Oh! Traição mais do que abjeta
da inconstância francesa!

REI JOÃO
                Antes de uma hora,
França, vais lastimar este momento.

O BASTARDO
Se o velho Tempo concordar, o calvo
relojoeiro que inuma as horas todas,
muito bem, vai a França arrepender-se.

Vida e morte do rei João

BRANCA
    De sangue se acha o sol ora coberto.
    Dia formoso, adeus! Para que lado
    decidir-me? Sou de ambos. Cada exército
    me prende uma das mãos; a ambos estando
    presa, é força que fique desmembrada,
    quando se separarem. Caro esposo,
    rezar não posso para tua vitória;
    tio, devo pedir que tu não venças;
    pai, não posso almejar tua fortuna;
    avó, não quero que teus votos vinguem.
    Vença quem for, a perda será minha;
    minha derrota se acha assegurada,
    antes mesmo que o jogo principie.

LUÍS
    Tua fortuna se acha onde eu me encontro.

BRANCA
    Onde ela vive, minha vida morre.

REI JOÃO
    Primo, reúne logo as nossas forças.
    (*Sai o Bastardo.*)
    França, queima-me cólera esbraseante.
    O calor que me inflama é de tal monta
    que nada o aplacará, senão só sangue,
    sangue do mais precioso que haja em França.

FILIPE
    Ficarás consumido pela cólera,
    a cinzas reduzido, antes que o nosso
    sangue possa apagar esse braseiro.
    Toma conta de ti; ao Fado escuta.

REI JOÃO
Faze o mesmo, também. À luta! À luta!

(*Saem.*)

Cena II

O mesmo. Planície perto de Angers. Rebate. Movimento de tropas.
Entra o Bastardo com a cabeça do duque da Áustria.

O BASTARDO
Por minha vida, o dia está ficando
quente demais. Algum demônio aéreo
paira no céu e faz chover desgraças.
Cabeça de Áustria, fica aí enquanto
Filipe toma fôlego.

(*Entram o rei João, Artur e Hubert.*)

REI JOÃO
Hubert, guarda o menino. Toda a pressa,
Filipe. Minha mãe foi assaltada
em nossa tenda e aprisionada, temo.

O BASTARDO
Eu a salvei, milorde; Sua Alteza
se acha em lugar seguro; não temais.
Mas continuemos, meu senhor; um pouco
mais de esforço dará bom fim a tudo.
(*Sai.*)

Cena III

O mesmo. Rebate. Movimento de tropas. Entram o rei João, Eleonor, Artur, o Bastardo, Hubert e nobres.

REI JOÃO

(*A Eleonor.*)
Será assim; bem guardada, Vossa Graça
vai ficar para trás. Não te amofines,
caro primo; tua avó te ama, e teu tio
por ti fará como um segundo pai.

ARTUR

Oh! Minha mãe vai sucumbir de angústia!

REI JOÃO

Para a Inglaterra, primo, a toda pressa!
E antes de nós chegarmos, trata logo
de sacudir os sacos do tesouro
dos prelados; liberta os anjos presos.
As costelas da paz vão ser o pingue
sustento dos famintos. Cumpre nossa
comissão sem pesar as consequências.

O BASTARDO

Sinos, livros e velas força alguma
terão para impedir que eu me aproxime,
quando o ouro e a prata o invite me fizerem.
Deixo Vossa Grandeza. Boa avó,
hei de rezar — no caso de ter tempo
para tornar-me um tanto religioso —
por vossa segurança. As mãos vos beijo.

ELEONOR

Adeus, meu gentil primo.

REI JOÃO

                Primo, adeus.

(Sai o Bastardo.)

ELEONOR

Meu netinho, vem cá; quero falar-te.
(Afasta-se com Artur.)

REI JOÃO

Vem aqui, meu caro Hubert. Ó caro Hubert,
devo-te muito! Dentro destes muros
de carne, uma alma habita que te exalta
como credor sem par, determinando
pagar-te o amor com juros generosos.
Teu juramento voluntário, amigo,
com carinho se encontra neste peito.
Dá-me a mão. Tencionava dizer-te algo,
mas vou deixar para momento azado.
Pelo céu, Hubert! Quase me envergonha
confessar a amizade que te voto.

HUBERT

Sou muito grato a Vossa Majestade.

REI JOÃO

Caro amigo, não tens ainda motivo
para exprimir-te assim. Mas hás de tê-lo.
O tempo há de em seu curso demorado
propiciar ocasião de bem fazer-te.
Ia dizer-te... Bem; deixemos isso.
Brilha o sol no alto; esse orgulhoso dia
é frívolo demais, é muito alegre
para me ouvir. Se porventura o sino

da meia-noite soasse com sua boca
de aço e língua de ferro uma pancada
na noite sonolenta; se estivéssemos
num cemitério e tu te visses presa
de desgostos sem conta; se esse espírito
triste, a Melancolia, te fizesse
crasso e pesado o sangue, embaraçando-o
de correr e nas veias fazer cócegas,
para que o riso idiota dominasse
os olhos e tornasse as belfas túmidas
numa ociosa alegria — mostras essas
odiosas a meus planos — ou se, acaso,
me enxergasses sem olhos e me ouvisses
sem ouvidos, podendo responder-me
sem à voz recorreres, só valendo-te
do pensamento, sem ouvidos, olhos
e o nocivo barulho das palavras...
então eu te confiara ao peito quanto
na alma retenho, sem temor do dia
vigilante que os gestos nos espia.
Não, não quero!... Contudo, amo-te muito.
E penso que também tu me amas muito.

HUBERT

Tanto, milorde, que podeis mandar-me
fazer seja o que for. Embora a morte
a isso esteja ligada, hei de cumpri-lo.

REI JOÃO

Porventura não o sei? Hubert, bom Hubert,
contempla aquela criança. Escuta, amigo:
é uma serpente que se me depara
no caminho; onde quer que eu ponha o pé,
ela sempre se encontra. Tu me entendes;
deixo-a sob tua guarda.

HUBERT

                Hei de guardá-la
de maneira que a Vossa Majestade
não possa ela ofender.

REI JOÃO

            Morte!

HUBERT

             Milorde?

REI JOÃO

Quero uma sepultura.

HUBERT

           Entendo.

REI JOÃO

              Basta.
Posso alegrar-me, agora. Hubert, eu te amo.
Bem, nada te direi do que tenciono
fazer por ti; recorda-te. Senhora,
passai bem; vou mandar aquelas tropas
para guarda de Vossa Majestade.

ELEONOR

Recebe minha bênção.

REI JOÃO

          Parti, primo,
para a Inglaterra; como companheiro
tereis Hubert, em tudo devotado.
Não percais tempo. Vamos! A Calais!

(*Saem.*)

Cena IV

O mesmo. A tenda do rei da França. Entram o rei Filipe, Luís, Pandolfo e séquito.

FILIPE

Por uma tempestade, assim, nas ondas,
a armada inteira as velas viu destruídas
e dispersada toda sua maruja.

PANDOLFO

Coragem! Tudo ainda há de correr bem.

FILIPE

Que é que pode correr, senão nós mesmos?
Não fomos derrotados? Não perdemos
Angers? Não se acha Artur em mãos inimigas?
Muitos amigos nossos não morreram?
E Inglaterra sangrento não se encontra
novamente a caminho da Inglaterra,
a despeito da França e dos obstáculos?

LUÍS

Quanto ganhou, soube deixar bem firme.
Tamanha rapidez com tanta ordem,
tudo tão bem pensado em meio à pressa,
é sem exemplo. Quem já leu ou, ao menos,
já ouviu falar de coisa semelhante?

FILIPE

O elogio à Inglaterra eu suportara,
se pudesse encontrar algum modelo
para nossa vergonha.
(Entra Constança.)
                    Eis quem nos chega!
O sepulcro de uma alma que, bem contra

seu alvedrio, o sempiterno espírito
ainda retém no cárcere aflitivo
do próprio peito. Por favor, senhora,
vinde comigo.

CONSTANÇA
                    Vede o resultado
da vossa paz!

FILIPE
                    Paciência, nobre dama!
Gentil Constança, calma!

CONSTANÇA
                    Não! Desprezo
qualquer conforto, todo desagravo,
com exceção do conforto verdadeiro,
o último desagravo: a morte! A morte!
Ó Morte amável, podridão cheirosa,
sã carniça, levanta-te do leito
da Noite sempiterna, tu que nutres
ódio e terror a tudo o que prospera,
e hei de beijar-te os ossos detestáveis
e os olhos pôr nessas vazias órbitas;
adornarei os dedos com teus vermes,
entupirei com poeira repugnante
esta frincha de alento, para monstro
putrefeito virar como tu própria!
Vou fazer-te caretas, porque eu pense
que me sorris e beijos te prodiga
como se noivos fôssemos! Ó amante
miserável, assiste-me!

FILIPE

                 Ó magnífica
aflição, tende calma!

CONSTANÇA

                 Não, não hei de
ficar calada, enquanto tiver fôlego
para gritar! Oh, se eu tivesse a língua
da boca do trovão! Abalaria
com minha dor o mundo e despertaria
do seu sono fatal esse esqueleto
maldoso que se mostra surdo aos débeis
queixumes de uma dama e faz caçoada
das fórmulas comuns dos exorcismos.

PANDOLFO

Senhora, isso é loucura, não tristeza.

CONSTANÇA

Um homem santo não me desmentiria
desse modo. Não estou fora do juízo;
os cabelos que arranco, me pertencem;
sou Constança; já fui a esposa amada
de Godofredo; o moço Artur — ai dele! —
é meu filho… Perdido para sempre!
Não estou louca. Ao céu assim prouvera,
porque então me esquecera de mim própria.
Oh, se eu ficasse louca, de que imensa
tristeza eu me livrara! Prega-me uma
filosofia que me deixe louca
de todo, e tu serás canonizado,
Cardeal! Não sendo louca e continuando
sensível ao sofrer, procura a parte
racional que me é própria o meio azado

de livrar-me das dores, ensinando-me
a enforcar-me ou matar-me. Fosse eu louca,
poderia esquecer-me do filhinho,
ou imaginar que ele era, tão somente,
um boneco de trapos. Não sou louca;
sinto perfeitamente as variadas
torturas de cada uma das desgraças.

FILIPE

Prendei as tranças... Quanto amor eu noto
na bela multidão desses cabelos!
Se cai neles, acaso, uma só lágrima
argentina, de pronto pressurosos
amigos, aos milhares, aí se colam
numa comunidade de tristeza,
tal como amantes fiéis e inseparáveis
que nas calamidades se congregam.

CONSTANÇA

Vamos para a Inglaterra, se o quiserdes.

FILIPE

Prendei esses cabelos.

CONSTANÇA

                Sim, fá-lo-ei.
Mas para que prendê-los? Ao soltá-los
dos atilhos, gritei: Oh, se pudessem
estas mãos libertar meu caro filho
como o fazem, soltando estes cabelos!
Agora invejo a liberdade deles
e de novo prendê-los desejara,
por saber que meu filho se acha preso.
Cardeal, já vos ouvi dizer que havemos

de ver e conhecer nossos amigos
no céu. Se isso é verdade, então eu hei de
tornar a ver meu filho. Desde o dia
em que Caim nasceu, o primeiro homem
que veio à luz, até à última criança
que ontem, somente respirou gritando,
jamais nasceu criatura tão graciosa.
Ora, porém, o cancro da tristeza
vai corroer meu botão e de suas faces
expulsar o frescor e encantos próprios,
deixando-o com a aparência dos espectros,
tão magro quanto a febre e, assim, tão triste,
para, alfim, perecer. Ressuscitado,
quando, acaso, o encontrar na corte empírea,
não poderei sequer reconhecê-lo.
Por isso nunca mais terei a dita, —
nunca mais! — de rever o meu Artur,
meu gracioso filhinho.

PANDOLFO

                    Isso revela
um odioso respeito à desventura.

CONSTANÇA

Quem assim fala nunca teve filho.

FILIPE

Estimais igualmente a dor e o filho.

CONSTANÇA

A dor tomou o lugar de meu filhinho,
deita-se no seu leito, anda ao meu lado,
assume aquele olhar, repete apenas
suas palavras, traz-me a todo instante

à memória seus dotes inefáveis,
reveste a forma dele com os vazios
trajos que lhe são próprios. Logo, eu tenho
razões de sobra para amar a minha
dor incomensurável. Passai bem.
Se tivésseis perdido o que eu perdi,
eu vos consolaria por maneira
melhor do que o fazeis. Não mais suporto
na cabeça este enfeite, quando tenho
no espírito a desordem. Ó Senhor!
Meu Artur, meu menino, meu filhinho,
minha vida e alegria, meu sustento,
meu tudo neste mundo, meu consolo
de viúva, meu remédio na tristeza!
(*Sai.*)

FILIPE

Temo alguma violência; vou segui-la.
(*Sai.*)

LUÍS

Nada há no mundo que me faça alegre.
A vida é tão tediosa como história
duas vezes contada, que importuna
o ouvido de pessoa sonolenta.
Uma vergonha amarga de tal modo
me estragou todo o gosto deste mundo,
que amargor e ignomínia em tudo sinto.

PANDOLFO

Antes da cura de uma doença grave,
no instante do vigor e da melhora,
o acesso é sempre forte. Quando os males

se despedem, o fazem com violência.
Que perdestes com a perda deste dia?

LUÍS

Todos os dias belos e gloriosos.

PANDOLFO

Isso seria, se o tivésseis ganho.
Não, não! Quando a Fortuna quer aos homens
fazer um benefício, ela os contempla
com olhos pouco amigos. É espantoso
quanto o rei João perdeu no dia em que ele
julga tão bem concluído. Não vos causa
tristeza o ver Artur seu prisioneiro?

LUÍS

Tão cordialmente quanto ele se alegra
por tê-lo como presa.

PANDOLFO

                       Tendes a alma
tão jovem quanto o sangue. Ouvi-me agora,
que vos falo com espírito profético.
O sopro do que entendo ora dizer-vos
vai tirar todo o pó, qualquer palhinha,
os menores obstáculos da estrada
que deverás pisar para alcançares
o trono da Inglaterra. Ouve-me atento:
João prendeu Artur; enquanto o sangue
correr quente nas veias dessa criança,
em sua posição tão deslocada
não poderá ter João uma hora, menos,
um minuto sequer, em que lhe seja

possível repousar tranquilamente.
Um cetro arrebatado com violência
precisa ser mantido por processos
iguais aos da conquista. Quem se encontra
em lugar pouco firme não despreza
meio algum por que possa sustentar-se.
Para que João se firme, é necessário
que Artur caia. Não há outro dilema.

LUÍS

  E que posso lucrar com a queda dele?

PANDOLFO

  Pelo direito da senhora Branca,
vossa esposa, podeis, certo, arrogar-vos
as pretensões de Artur.

LUÍS

                E, como Artur,
também perder a vida e tudo o mais.

PANDOLFO

  Como sois novo neste velho mundo!
João conspira por vós; o tempo o ajuda,
pois quem mergulha a salvação em sangue,
só alcança salvação sanguínea e falsa.
Esta ação, concebida com perfídia,
vai esfriar o peito de seus súditos
e o zelo enregelar-lhes de tal modo
que eles procurarão todo pretexto,
ainda o menos razoável, para o trono
investir-lhe e abalar-lhe. Os sinais todos
do céu, por mais comuns, qualquer fenômeno
natural, uma tarde enfarruscada,

um vento inesperado, ou mesmo um fato
não previsto, serão por todos logo
despojados de suas causas simples,
tornando-se prodígios, advertências
do céu, presságios, maus sinais, abortos
que chamam contra João a ira celeste.

LUÍS
É possível que a vida ele não tire
do moço Artur, tratando de firmar-se
tão somente com tê-lo prisioneiro.

PANDOLFO
Oh, céus! Quando ele ouvir que estais chegando,
fará morrer o moço Artur, se este ainda
vivo estiver acaso. Então, seus súditos
a afeição lhe retiram, para os lábios
beijar de uma mudança inesperada,
encontrando pretexto suficiente
de cólera e revolta no espetáculo
dos dedos reais, com sangue real manchados.
Parece que já vejo deflagrada
toda essa confusão. Oh! Como as coisas
se arranjarão ainda melhor em vosso
benefício do que eu posso contar-vos!
Faulconbridge, o bastardo, se acha agora
na Inglaterra, pilhando nossos templos,
manchando a caridade. Se uma dúzia
de franceses armados lá estivessem,
valeriam por grito de chamada
para logo reunir dez mil ingleses
do lado deles, como um flocozinho
de neve que, ao rolar, vira montanha.
É inconcebível quanto pode vir-nos

do descontentamento dessa gente.
Ora que o ódio fermenta na alma deles,
cuidemos de passar para a Inglaterra.
Eu vou tratar de estimular o rei.

LUÍS
Os grandes feitos nascem da razão;
se dizeis sim, o rei não dirá não.

(Saem.)

Ato IV

… Vida e morte do rei João

Cena I

Northampton. Um quarto no castelo. Entram Hubert e dois criados.

HUBERT
　Aquecei logo os ferros e vos ponde
　por detrás da cortina. Ao me escutardes
　bater com o pé no chão, sem mais delongas
　acorrei e amarrai bem firmemente
　na cadeira o menino que encontrardes
　comigo! Sede cautos. Ide! A postos!

PRIMEIRO CRIADO
　Espero que em tudo isso tereis plena
　responsabilidade.

HUBERT
　　　　　　　Ora, que escrúpulos
　descabidos! Por que tanto receio?
　Mãos à obra, logo!
　(*Saem os criados.*)
　　　　　　　Vinde cá, menino;
　tenho algo que dizer-vos.

(*Entra Artur.*)

ARTUR
　Hubert, bom dia!

HUBERT
　　　　　　Meu pequeno príncipe,
　bom dia!

ARTUR
　　　Tão pequeno, na verdade,

quanto possível, possuindo título
para ser maior príncipe. Estais triste!

HUBERT
Já estive mais alegre, é fato.

ARTUR
                    Oh, céus!
Pensava que eu, somente, tinha causa
para estar triste. Mas agora ocorre-me
que na França os rapazes, por capricho,
pareciam tão tristes como a noite.
Pelo meu cristianismo, se eu me visse
livre desta prisão e a guardar cabras,
alegre ficaria o dia todo.
Sim, até mesmo aqui podia sê-lo,
se não fosse o cuidado de que intenta
meu tio contra mim qualquer maldade.
Receia-se de mim, tal como eu dele.
É minha a culpa, acaso, de ser filho
de Godofredo? Não; de forma alguma.
Quem dera, Hubert, que eu fosse vosso filho,
porque, assim, me teríeis muito amor.

HUBERT
(*À parte.*)
Se eu me puser a conversar, a sua
garrulice inocente acorda a minha
piedade que está morta. Urge, portanto,
não perder tempo e pôr um ponto nisso.

ARTUR
Hubert, sentis-vos mal? Hoje estais pálido.
Desejara, de fato, que estivésseis

um pouco doente, só para que as noites
eu passasse de guarda a vosso leito.
Uma coisa é certeza: que eu vos amo
mais do que vós a mim.

HUBERT
(*À parte.*)
                        Suas palavras
prendem-me o coração.
(*Mostrando um papel.*)
                        Lede isto, Artur!
(*À parte.*)
E agora esta água estúpida, tocando
porta a fora a tortura! Urge apressar-me,
se não a decisão me cai dos olhos
como lágrimas débeis de mulher.
Não podeis ler? Não se acha bem escrito?

ARTUR
Até demais para uma ação tão vil.
Com ferro quente ides queimar-me os olhos?

HUBERT
É preciso, menino.

ARTUR
                    E ides fazê-lo?

HUBERT
Sim, estou decidido.

ARTUR
                 Não vos falta
coragem? Ao doer-vos a cabeça,

amarrei-vos a testa com meu lenço,
o melhor que eu possuía; uma princesa
bordara-o para mim. No entanto, nunca
pedi que o devolvêsseis. Suspendi-vos
a cabeça com jeito em meio à noite;
e assim como os minutos cuidam da hora,
eu, sem pausa, animava o lerdo tempo
dizendo: "Que vos falta?" "Onde vos dói?"
ou "Que prova de amor vos posso eu dar?".
Muitos meninos pobres ficariam
sem se importar convosco e sem dizer-vos
uma palavra, ao menos, de carinho.
No entanto tínheis um enfermeiro príncipe!
Talvez imagineis que o meu afeto
seja fingido e o batizeis de astúcia.
Fazei como o quiserdes. Se a vontade
do céu for que eu receba alguma ofensa
de vossa parte, bem: deveis fazê-lo.
Arrancar-me-eis os olhos? Estes olhos
que nunca olhar severo vos lançaram,
nem jamais o farão?

HUBERT

                Dei a palavra;
por isso, com estes ferros vou queimá-los.

ARTUR

Somente nesta nossa idade férrea
é que há quem possa praticar tal ato!
O próprio ferro, embora ao rubro aceso.
Ao tocar-me nos olhos, minhas lágrimas
beberia, estancando a indignação,
justamente por ver minha inocência.
Mais, ainda: estragara-se em ferrugem

depois disso, por ter contido fogo
capaz de me ofender os fracos olhos.
Sois mais duro que o ferro endurecido?
Ainda que viesse um anjo procurar-me
para dizer-me que Hubert pretendia
tirar-me os olhos, não no acreditara;
somente no próprio Hubert eu creria.

HUBERT

(*Batendo com o pé no chão.*)
Vinde logo!
(*Entram os criados, com cordas, ferros etc.*)
                Fazei como vos disse.

ARTUR

Socorro, Hubert, socorro! Ao só aspecto
destes homens ferozes sinto os olhos
saltarem-me das órbitas!

HUBERT

                Os ferros
entregai-me, vos digo, e atai-o bem.

ARTUR

Ai de mim! Por que serdes tão violentos?
Não farei resistência; vou manter-me
quieto como uma pedra. Pelo céu,
Hubert, não consintais que eles me amarrem,
e eu ficarei sentado, tão quietinho
como uma ovelha; não direi palavra,
não farei gesto algum, não hei de aos ferros
lançar olhar zangado. Mandai esses
homens embora e eu vos perdoo quantas
torturas ainda vierdes a infligir-me.

HUBERT
Retirai-vos; deixai-me só com ele.

PRIMEIRO CRIADO
Alegra-me sair deste negócio.

(*Saem os criados.*)

ARTUR
Ai de mim, que perdi um grande amigo!
É de olhar duro, sim, mas de boníssimo
coração. Novamente o mandai vir,
porque sua compaixão desperte a vossa.

HUBERT
Vamos, menino, preparai-vos!

ARTUR
                        Como!
Não há remédio algum?

HUBERT
                      Nenhum, afora
ficardes sem os olhos.

ARTUR
               Oh, meu Deus!
Se nos vossos houvesse um grão apenas,
um argueiro, um mosquito, uma poeirinha,
um pequeno cabelo, qualquer coisa
que o precioso sentido vos turvasse:
então, sentindo como as coisas mínimas
ali causam tormento, vosso abjeto
plano vos parecera mais que horrível.

HUBERT

    Foi isso o que me prometestes? Vamos,
refreai essa língua.

ARTUR

                     Em se tratando
de assunto da defesa de dois olhos,
não é demais a fala de duas línguas.
Não mandeis que eu me cale, Hubert; deixai-me
continuar a falar, ou, se o quiserdes,
Hubert, a língua me arrancai, contanto
que os olhos eu conserve. Sim, poupai-mos,
ainda que seja só para eu vos ver.
Olhai como o instrumento já está frio;
não me quer fazer mal.

HUBERT

                     Posso aquecê-lo.

ARTUR

    O fogo se extinguiu só de tristeza,
por se ver obrigado a causar dores,
ele que fora criado tão somente
para espalhar o bem. Vede vós mesmo:
não tem malícia este carvão ardente;
o céu soprou-lhe a chama, e na cabeça
deitou-lhe as cinzas do arrependimento.

HUBERT

    Posso avivá-la, criança, com meu sopro.

ARTUR

    Fareis, com isso, apenas que ele core,
Hubert, e se enrubesça por vosso ato.

Talvez aos olhos ele vos atire
faíscas e, tal como o cão que o dono
quer obrigar à luta, a mão ofenda
que tentar incitá-lo. As coisas todas
que empregardes com o fim de molestar-me,
se negarão a isso. Vós, somente,
careceis de bondade que é inerente
ao duro ferro e ao fogo, que são tidos
como elementos sem piedade alguma.

HUBERT

Vede para viver; não hei de os olhos
vos tocar, nem por todos os tesouros
de vosso tio. No entretanto, criança,
jurei fazê-lo e tinha resolvido
que eu próprio os queimaria com estes ferros.

ARTUR

Finalmente voltastes a ser Hubert!
Até este instante estáveis disfarçando.

HUBERT

Nem mais uma palavra! Vosso tio
não poderá saber que estais com vida.
Vou jogar a esses cães que nos espiam
falsas notícias. Adorável criança,
dorme tranquila, que Hubert, nem todo ouro
do mundo o levará nunca a ofender-te.

ARTUR

Oh, céus! Eu te agradeço, Hubert.

HUBERT

                        Caluda!

Nem mais uma palavra. Vem comigo;
por tua causa eu corro atroz perigo.

(*Saem.*)

Cena II
O mesmo. A sala do trono no palácio. Entram o rei João, coroado,
Pembroke, Salisbury e outros nobres. O rei se senta no trono.

REI JOÃO

    Eis-nos aqui de novo, novamente
    coroado e, quero crê-lo, objeto apenas
    de olhares amistosos.

PEMBROKE

                    Se não fora
    Vossa Alteza grato, o "novamente"
    se tornara supérfluo, pois já estáveis
    coroado; a alta realeza não vos tinha
    sido arrancada, a fé de vossos súditos
    não se vira manchada com revoltas,
    o país não se achava perturbado
    por nenhuma esperança ou velho anseio
    de alteração para melhor estado.

SALISBURY

    Por isso, tomar posse duas vezes,
    enriquecer um título já rico,
    dourar ouro de lei, pintar o lírio,
    despejar mais perfume na violeta,
    querer deixar o gelo ainda mais liso,
    nova cor ajuntar ao arco-íris,
    ou presumir que a luz de vela pode
    dar mais brilho ao formoso olho celeste,
    é ridículo excesso, sobre inútil.

PEMBROKE
   Tirante vosso real prazer, esse ato
   se assemelha a uma história já sabida
   que, ao ser contada, engendra apenas tédio,
   por ser lembrada fora de propósito.

SALISBURY
   Desse modo a aparência digna e simples
   dos costumes antigos se transforma,
   e, como faz o vento incerto, muda
   de sua diretriz o pensamento,
   de forma tal que a consideração
   se espanta e assusta, adoece a opinião sã
   e a verdade não pode mais ser crida
   por trocar, só por moda, a vestimenta.

PEMBROKE
   Os artesãos que querem fazer muito,
   por ambição a habilidade estragam,
   e, tentando por vezes desculpar-se
   de uma falta, por fim mais grave a tornam,
   como remendo posto num pequeno
   rasgão, que, em vez de o mascarar, o deixa
   mais à vista do que antes do conserto.

SALISBURY
   A esse respeito conversamos antes
   da nova coroação, mas foi do agrado
   de Vossa Alteza não levar em conta
   nosso modo de ver, o que nos deixa
   satisfeitos, por vermos que as menores
   partes do que queremos vão quebrar-se
   ante a vossa vontade irresistível.

REI JOÃO
    Já vos apresentei alguns motivos
    da dupla coroação, que julgo fortes,
    e quando diminuir o meu receio
    vos darei outros mais, bem mais valiosos.
    Até lá, me pedi somente quanto
    julgardes que precisa de reforma,
    porque vos convençais de quanto almejo
    ouvir-vos e atender a vossas queixas.

PEMBROKE
    Nesse caso, como órgão, escolhido
    pelos presentes, eu, por mim, por eles,
    a bem de vossa própria segurança,
    que constitui o objeto dos cuidados
    de nós todos, vos peço a liberdade
    de Artur, cuja prisão dá pasto aos lábios
    dos descontentes, que se apegam a este
    perigoso argumento: se o que tendes
    em paz vos pertencesse por direito,
    não vos levara o medo — que, segundo
    todos dizem, sequaz é da injustiça —
    a prender um parente delicado,
    seus dias oprimir na mais selvagem
    ignorância e negar-lhe à mocidade
    a alta vantagem do exercício livre.
    Para que os vossos inimigos de hoje
    não se possam valer desse argumento,
    permiti que um pedido dos que, há pouco,
    nos mandaste fazer, seja o de pordes
    em liberdade o jovem prisioneiro.
    Só cuidamos de nossos interesses

por dizer nosso bem, que em tudo se acha
dependente do vosso, que a soltura
de Artur ao vosso bem é imprescindível.

(Entra Hubert.)

REI JOÃO

Que seja; entrego a sua mocidade
à vossa direção. Hubert, que novas?
(Conversam à parte.)

PEMBROKE

Eis quem devia executar o feito;
ele próprio mostrou a um meu amigo
a ordem do infando crime, que nos olhos
se lhe reflete. Seu sombrio aspecto
denuncia o conflito do imo peito.
Diz-me o medo que é fato consumado
tudo quanto temíamos que o fosse.

SALISBURY

A cor do rei se encontra vacilante
entre sua consciência e seus intentos,
como arauto postado entre dois campos
de temíveis exércitos. Madura
sua emoção se encontra; estala prestes.

PEMBROKE

Receio muito que, ao estalar, expila
a corrupção da morte de uma criança.

REI JOÃO

Não podemos prender os fortes braços
da Morte. Bons senhores, muito embora
tenha eu vivo desejo de atender-vos,

morreu vosso pedido, já não vive:
disse-me ele que Artur não mais existe.

SALISBURY

Receávamos, de fato, que a doença
de que sofria fosse sem remédio.

PEMBROKE

Já ouvíramos falar, realmente, que ele
muito perto da morte se encontrava
antes de a própria criança aperceber-se
de que estava adoentada. Aqui ou alhures
isso terá de ser chamado a contas.

REI JOÃO

Por que me olhais assim com tal conspecto?
Imaginais, acaso, que eu disponho
da tesoura do Fado, ou que no pulso da
vida eu possa ter qualquer influência?

SALISBURY

O jogo é vergonhoso; causa pasmo
que a grandeza se preste a tais manobras.
Desejo-vos bom lucro. Passai bem.

PEMBROKE

Espera, Salisbury; irei contigo,
em busca do legado dessa criança,
o reinozinho de um forçado túmulo.
O sangue a que tocava toda esta ilha,
ocupa só três pés. Oh! Mundo infame!
É insuportável! Tudo está tão tenso,
que explodirá mais cedo do que eu penso.

(*Saem os nobres.*)

REI JOÃO

Ardem de indignação; eu me arrependo.
Não se constrói em sangue; vida alguma
tranquila pode haver com a morte de outrem.
(*Entra um mensageiro.*)
Tens o olhar espantado; onde está o sangue
que eu já vi residindo nessas faces?
Um céu assim tão lúgubre só pode
tornar-se claro com uma tempestade.
Despeja logo: em França que se passa?

MENSAGEIRO

Passa para a Inglaterra o que há na França.
Nunca tais forças foram levantadas
em terra alguma para invadir outra,
porque, quando devíeis ter aviso
de seus aprestos, o que chega é a nova
de que todos já se acham deste lado.

REI JOÃO

E onde se embriagou nossa polícia?
Onde dormiu? Onde se encontra o zelo
de minha mãe, que nada ouviu na França
acerca da reunião de tal exército?

MENSAGEIRO

Milorde, a poeira lhe enche ora os ouvidos;
a primeiro de abril morreu a vossa
nobre progenitora. Ouvi rumores
de que lady Constança a precedera
de três dias, após longo delírio.
Mas, como o disse, ouvi da voz do povo,
não podendo afirmar se isso é verdade.

REI JOÃO

Terrível ocasião, refreia o passo!
Oh! Liga-te comigo até que eu possa
contentar os meus pares! Como! Morta
minha mãe? Meus negócios pela França
como andam, pois? E esse poder da França
quem o comanda, para assim dizeres
que já desembarcou em nossas praias?

MENSAGEIRO

O delfim é que o traz.

REI JOÃO

                            Tuas notícias
tão ruins, me deixaram com vertigens.
(*Entra o Bastardo, com Peter de Pomfret.*)
Que diz o mundo, então, de vossos atos?
Não procureis meter-me na cabeça
mais notícias ruins, que já está cheia.

O BASTARDO

Se ouvir o pior vos causa medo, então
sobre vós caia o pior, sem ser ouvido.

REI JOÃO

Primo, desculpa-me; a maré deixou-me
meio atordoado; mas agora inspiro
de novo sobre as ondas e ouvir posso
qualquer notícia, por pior que seja.

O BASTARDO

Quanto pude alcançar junto do clero,
sabê-lo-eis pela soma que vos trouxe.
Contudo, em minha viagem de retorno

me foi dado ver gentes esquisitas,
dominadas boatos, perseguidas
por sonhos maus, que as causas ignoravam
do medo que sentiam, mas com medo.
Eis um profeta que comigo eu trouxe
das ruas de Pomfret, onde o encontrei
seguido de centenas de curiosos
que lhe ouviam, cantado em versos rudes,
o vaticínio de que Vossa Alteza
vai, na manhã da próxima Ascensão,
a coroa depor.

REI JOÃO

    Por que motivo,
sonhador mentiroso, disseste isso?

PETER

Porque conheço a ciência do futuro.

REI JOÃO

Fora daqui com ele, Hubert; atira-o
na prisão e, daí, ao meio-dia,
na data em que terei, como ele disse,
de abdicar a coroa, à força o levem.
A boa guarda o entrega e volta logo,
que eu preciso de ti.
(*Sai Hubert com Peter.*)
    Ó gentil primo,
não sabes quem chegou às nossas praias?

O BASTARDO

Os franceses, milorde; não há língua
que fale de outra coisa. Mais, ainda:
acabei de encontrar-me com dois lordes,

Bigot e Salisbury, cujos olhos
brilhavam mais que fogo recém-feito,
e mais outros, que andavam à procura
do túmulo de Artur, matado, afirmam
todos, por vossa própria sugestão.

REI JOÃO
Meu gentil primo, sai e te mistura
com eles; tenho um meio para o afeto
de novo conquistar-lhes. Traze-os cá.

O BASTARDO
Vou procurá-los.

REI JOÃO
Sim, mas vai com pressa;
um pé lá, outro cá. Não é possível
ter como imigos os meus próprios súditos,
quando as cidades o estrangeiro espanta
com mostras pavorosas de uma intrépida
invasão. Sê Mercúrio na ida, usando
asas nos pés, e volta tão depressa,
da parte deles, como o pensamento.

O BASTARDO
O espírito do tempo me faz lestes.

REI JOÃO
Falas como um fidalgo entusiasmado.
(*Sai o Bastardo.*)
Acompanha-o; talvez ele precise
de uma pessoa que entre mim e os pares
sirva de intermediário: serás isso.

MENSAGEIRO
  De todo o coração, meu soberano.
  (*Sai.*)

REI JOÃO
  Faleceu minha mãe!

  (*Volta Hubert.*)

HUBERT
  Dizem, milorde, que esta noite cinco
  luas apareceram: quatro, fixas,
  e mais uma que em torno delas dava
  giros extraordinários.

REI JOÃO
                    Cinco luas?

HUBERT
  Velhos e velhas pelas ruas fazem
  profecias terríveis sobre o caso.
  A uma coisa, somente, se referem:
  o trespasso de Artur, e, assim fazendo,
  as cabeças sacodem, falam baixo,
  junto do ouvido. O que discorre, pega
  o punho ao companheiro, que estarrece,
  faz gestos de terror, a testa franze,
  vira os olhos, a fronte balanceia.
  Eu vi um ferreiro com o martelo, assim...
  Enquanto o ferro na bigorna esfriava,
  de boca aberta, ele engolia quanto
  contava um alfaiate, que a tesoura
  e a medida sustinha e que se achava
  de chinelas — na pressa, ele as calçara

com os pés trocados — a falar de muitos
milhares de franceses aguerridos
que estão em Kent em ordem de combate.
Outro artista, magrela e pouco limpo,
lhe interrompeu a narrativa, para
falar da morte do infeliz Artur.

REI JOÃO

Por que procuras inspirar-me susto?
Por que insistes assim sobre o trespasso
do moço Artur? Tu o mataste. Eu tinha
razão para querer que ele morresse,
mas tu, nenhuma para assassiná-lo.

HUBERT

Como, senhor! A instigação foi vossa.

REI JOÃO

É maldição dos reis serem servidos
por escravos que veem em seus caprichos
ordens para irromper pela sangrenta
casa da vida, leis num simples gesto
de autoridade encontram, o sentido
da perigosa majestade escrutam,
quando, acaso, ela o sobrecenho enruga
mais por irreflexão do que por zanga.

HUBERT

Vossa carta e este selo me asseguram
por tudo quanto fiz.

REI JOÃO

              Oh! Quando forem
feitas as contas entre o céu e a terra,

vão servir contra nós de testemunhas
essa carta e esse selo, para nossa
condenação. Por vezes, a só vista
do instrumento do mal provoca o fato.
Se perto não te achasses, como um tipo
marcado pela mão da natureza,
apontado, escolhido para um feito
vergonhoso, esse crime não me viera
sequer ao pensamento. Mas notando-te
o horroroso conspecto, por ter visto
que eras apto para essas vilanias
sanguinárias e pronto para os casos
perigosos, falei-te vagamente
sobre a morte de Artur, e para as graças
conquistares de um rei, não vacilaste
um momento em tirar a vida a um príncipe.

HUBERT
    Milorde...

REI JOÃO
    Se a cabeça tivesses sacudido,
    sequer, ou vacilado, quando em termos
    obscuros eu falei do meu projeto,
    ou me houvesses lançado olhar de dúvida,
    como a pedir que eu fosse mais explícito,
    eu teria calado de vergonha,
    sem mais dizer palavras; teus receios
    me teriam também feito receoso.
    Mas meus sinais te foram suficientes,
    e, por sinais, com o crime tu falaste;
    sim, sem vacilações prontificou-se-te
    o peito e, consequentemente, a rude
    mão a efetuar o ato que nós ambos

coramos de nomear. Fora de minha
presença! Não me surjas mais à vista!
Meus nobres me abandonam, meus Estados
veem-se desafiados por exércitos
estrangeiros até nas suas portas.
Dentro mesmo do corpo desta terra
de carne, nos confins do sangue e alento,
reina a guerra civil e a hostilidade
entre a minha consciência e esse delito,
a morte do meu primo.

HUBERT

                       Armai-vos contra
os outros inimigos, que eu me incumbo
de firmar paz entre vossa alma e vós.
Artur vive; esta mão ainda está virgem,
é inocente, não se acha maculada
de crimes sanguinários. Neste peito
nunca entrou um terrível movimento,
sequer, de pensamento criminoso.
Caluniastes em mim a natureza;
por mais rude que seja a minha forma,
abriga uma alma demasiado bela
para açougueiro ser de um pobre infante.

REI JOÃO

Vive Artur? Sai em busca de meus pares,
derrama essa notícia em sua cólera
inflamada e de novo os deixa dóceis
para a obediência. Esquece os comentários
que fez minha paixão sobre os teus traços,
porque se achava cega a minha cólera,
e os olhos, vendo sangue em toda parte,
muito mais horroroso te faziam

do que és em realidade. Oh! Não respondas!
Os nobres! Vai! Não sei mais como peça;
sou lento no falar; vai mais depressa!

(*Saem.*)

Cena III
O mesmo. Diante do castelo. Aparece Artur sobre a muralha.

ARTUR
A muralha é muito alta... Apesar disso,
vou saltar. Chão bondoso, tem piedade,
não me machuques. Poucos me conhecem,
talvez ninguém... Mas mesmo assim, com este
trajo de marinheiro, estou mudado.
Tenho medo; contudo, é necessário.
Se eu saltar sem quebrar-me, hei de achar meios
para evadir-me. Tanto vale a morte,
tentando a fuga, como de outra sorte.
(*Salta.*)
Meu tio influi de longe nesta terra!
Ao céu dou a alma, os ossos, à Inglaterra.
(*Morre. Entram Pembroke, Salisbury e Bigot.*)

SALISBURY
Senhores, vou estar com ele em Santo
Edmundsbury.
É a nossa salvação; urge aceitarmos
a oferta amável deste tempo incerto.

PEMBROKE
Por quem o cardeal mandou esta carta?

SALISBURY

    Pelo conde Melun, nobre da França,
que pessoalmente me falou da parte
do delfim, com mais provas de amizade
do que se deduzira dessas linhas.

BIGOT

    Amanhã cedo, então, vamos-lhe ao encontro.

SALISBURY

    Não! Partamos já, já, pois, para vê-lo,
teremos de viajar dois longos dias.

(*Entra o Bastardo.*)

O BASTARDO

    Senhores agastados, novamente
bom dia! O rei, por mim, manda chamar-vos.

SALISBURY

    Privou-se o rei de nós por culpa própria.
Nossa honra não se presta para forro
de sua capa fina e maculada,
nem pode ir nas pegadas de quem deixa
sujo de sangue o chão por onde passa.
Dizei-lhe isso; sabemos já o bastante.

O BASTARDO

    Pensai como quiserdes, mas eu julgo
que é conveniente uma resposta calma.

SALISBURY

    Não fala agora a cortesia; as queixas
é que em nós raciocinam.

O BASTARDO
                    Mas há poucas
  razões em vossas queixas; fora, entanto,
  razoável revelardes-vos corteses.

PEMBROKE
  A impaciência, senhor, tem privilégios.

O BASTARDO
  Sim, de prejudicar quem se impacienta.

SALISBURY
  Eis a prisão...
  (*Vendo Artur.*)
                    Mas quem se acha aqui morto?

PEMBROKE
  A Morte está vaidosa com a pureza
  desta beleza real. Não tem a terra
  um buraco onde esconda esta façanha.

SALISBURY
  O criminoso, odiando seu próprio ato,
  deixou-o patente, a reclamar vingança.

BIGOT
  Ou melhor: ao fadar esta beleza
  para o sepulcro, achou-a em demasia
  preciosa e principesca para um túmulo.

SALISBURY
  Que pensais, Sir Ricardo, de tudo isso?
  Já lestes ou já ouvistes o que vedes,
  podeis pensar, ou imaginais, apenas,

que vedes, muito embora estejais vendo?
Sem esta vista, acaso, existiria
a ideia de tal ato? Eis o remate,
o pináculo, a crista da cimeira
das armas do assassino. É a mais sangrenta
ignomínia, a crueldade mais selvagem,
a ação mais repulsiva que já tenha
em qualquer tempo a cólera esgazeada
ou a raiva furibunda oferecido
às lágrimas da branda compaixão.

PEMBROKE
Todos os assassínios do passado
desculpa encontram neste; este, sozinho,
na sua hediondez, vai tornar puras
e santas as façanhas mais terríveis
que o tempo no seu seio ainda conserva.
Diante deste espetáculo horroroso,
não passarão de simples brincadeira
as mais terríveis efusões de sangue.

O BASTARDO
É uma ação sanguinária e amaldiçoada,
ato imperdoável de uma mão grosseira,
se é que pode haver mão para tal crime.

SALISBURY
Se é que pode haver mão para tal crime!
Por um pressentimento, já sabíamos
que isto viria a dar-se. É o vil trabalho
da mão de Hubert, o efeito de um projeto
do próprio soberano, a quem minha alma
se recusa a prestar mais obediência.
De joelhos ante a ruína desta vida,

esparjo na excelência que não vive
o incenso de uma jura sacrossanta:
não provar dos prazeres deste mundo,
nem ficar infectado com os deleites,
nem ao ócio entregar-me e ao comodismo,
sem dar glória a este braço, consagrando-o
no culto da vingança.

PEMBROKE E BIGOT
                     Nossas almas
com toda a unção confirmam esse voto.

(*Entra Hubert.*)

HUBERT
Senhores, aqueci-me a procurar-vos;
Artur está com vida, o rei vos chama.

SALISBURY
Oh, que desfaçatez! Nem mesmo a morte
o faz enrubescer! Fora, patife
desprezível! Retira-te daqui!

HUBERT
Não sou patife.

SALISBURY
(*Sacando da espada.*)
                    Violarei a lei?

O BASTARDO
Senhor, guardai a espada; ela está limpa.

SALISBURY

   Enquanto a não meter num criminoso.

HUBERT

   Detende-vos, milorde Salisbury!
   Pelo céu! Minha espada é tão afiada
   quanto a vossa, é o que eu digo. Não desejo
   que venhais a esquecer-vos de vós próprio,
   nem a enfrentar o risco decorrente
   de uma justa defesa, porque diante
   dessas mostras de cólera eu podia
   olvidar-me de vossa dignidade
   e, assim, de vosso mérito e nobreza.

BIGOT

   Fora, monturo! Insultas um fidalgo?

HUBERT

   Por minha vida, não! Mas na defesa
   de minha vida honrada, não me temo
   nem de um imperador.

SALISBURY

                        És assassino!

HUBERT

   Dai-me as provas. Não o sou. Quem quer que a língua
   use para tal fim, diz inverdades;
   quem não fala verdade, é mentiroso.

PEMBROKE

   Picai-o em pedacinhos.

O BASTARDO
>   Paz, eu digo!

SALISBURY
Para trás, Faulconbridge; do contrário
eu vos irritarei.

O BASTARDO
>   Fora mais prático
irritares o diabo, Salisbury.
Se fizeres carranca ou o pé mexeres,
ou ensinares a cólera a ofender-me,
jogo-te morto ao solo. Guarda a espada,
se não te malharei e a esse espeto,
de maneira que penses seja o diabo
que te surgiu do inferno.

BIGOT
>   Que pretendes,
famoso Faulconbridge? Dar mão forte
a um vilão e assassino?

HUBERT
>   Não sou isso,
lorde Bigot.

BIGOT
>   E quem matou o príncipe?

HUBERT
Deixei-o bom, talvez não haja uma hora;
tinha-lhe amor, honrava-o; enquanto o alento
me sustentar, hei de chorar a perda
de uma tão doce vida.

SALISBURY

                    Não confieis
nas lágrimas astutas desses olhos,
que a maldade é capaz de tais chorrilhos.
Matreiro como ele é, faz que pareçam
córregos de piedade e de inocência.
Os que sentirem na alma repugnância
a essas emanações de matadouro,
venham comigo; sinto-me abafado
com este miasma de crime.

BIGOT

                           Vamos todos
para Bury; o delfim lá nos aguarda.

PEMBROKE

    Dizei ao rei que lá pode ele achar-nos.

(*Saem os nobres.*)

O BASTARDO

    Vão indo bem as coisas… Conhecíeis
este belo trabalho? Por mais ampla
que seja a Graça, infinda, ilimitada,
se esta ação criminosa, Hubert, for obra
de tua mão, no inferno já te encontras.

HUBERT

    Senhor, ouvi-me ao menos…

O BASTARDO

                         Vou dizer-te
uma coisa: És um réprobo tão negro…
Nada há tão negro. Estás mais condenado

do que o príncipe Lúcifer; no inferno
não pode haver demônio mais monstruoso
do que tu, se mataste este menino.

HUBERT
Por minha alma...

O BASTARDO
                  Ainda mesmo que só tenhas
dado o consentimento para este ato,
podes perder toda a esperança. Caso
necessites de corda, o mais delgado
filamento que o ventre de uma aranha
já expeliu servirá para esganar-te.
Uma palhinha é força resistente
para te pendurares; se quiseres
afogar-te, é bastante despejares
água numa colher: será um oceano
para cobrir um biltre do teu porte.
Desconfio demais de tua pessoa.

HUBERT
Se por ação, ou conivência, ou ao menos
por pensamento eu tenho a menor culpa
no roubo do doce hálito que nesta
bela argila morava, só desejo
que seja o inferno pobre de suplícios
para me torturar.

O BASTARDO
                 Leva-o nos braços.
Estou confuso, creio; desoriento-me
pelos riscos e espinhos deste mundo.
Como suspendes fácil a Inglaterra!

Dessa migalha de realeza morta
já se evolaram para o céu a vida,
o direito e a verdade deste reino,
só restando à Inglaterra engalfinhar-se,
dilacerar, rasgar até com os dentes
a sucessão sem dono da orgulhosa
soberania. Por esse osso roído
da majestade, a guerra, enraivecida,
se eriça toda e rosna para os meigos
olhos da paz. As forças estrangeiras
e o descontentamento dos de casa
já se encontraram num só ponto, achando-se
ora a devastação à espreita, apenas —
como os corvos o fazem ante a presa
moribunda — da queda inevitável
da realeza alcançada pela força.
Feliz de quem possui cintura e manto
para essa tempestade. Leva a criança
e me segue depressa; o rei busquemos.
Mil negócios nos surgem desta guerra;
o próprio céu ameaça nossa terra.

(*Saem.*)

Ato V

Cena I

Um quarto no palácio. Entram o rei João, Pandolfo com a coroa, e séquito.

REI JOÃO

Desta arte em vossa mão deponho o círculo
de minha glória.

PANDOLFO

(*Entregando a coroa a João.*) Recebei de novo
de minha mão, por jus que vem do papa,
vossa grandeza real e autoridade.

REI JOÃO

Vossa palavra santa ora mantende,
aos franceses buscai e toda a força
de Sua Santidade usai com o intento
de deter-lhes a marcha, antes que em chamas
nós fiquemos. Os nobres se revoltam,
com a obediência o povo se acha em luta,
jurando submissão e amor sincero
à realeza estrangeira e a sangue estranho.
A inundação de tanta seiva azeda
só por vós poderá ser corrigida.
Por isso, não tardeis; tão doente se acha
nosso tempo, que é urgente ministrar-lhe
medicina adequada, se quisermos
evitar consequências incuráveis.

PANDOLFO

Meu sopro deflagrou esta tormenta
por vossa teima em resistir ao papa;
mas uma vez que vos tornais um dócil
convertido, farei que a tempestade

belicosa se aplaque, restituindo
a calma a vossa terra perturbada.
Lembrai-vos que hoje, dia da Ascensão,
depois de vos mostrardes fiel ao papa,
eu saí ao encontro dos franceses
para incitá-los a depor as armas.
(*Sai.*)

REI JOÃO

Hoje é a Ascensão? Não disse aquele vate
que eu tinha de depor esta coroa
na manhã deste dia? Assim se deu.
Pensava que o faria constrangido;
graças a Deus, foi tudo por vontade.

(*Entra o Bastardo.*)

O BASTARDO

Todo o Kent se rendeu; somente há luta
no castelo de Dover. Como a um hóspede
bem-vindo, Londres o delfim recebe
com todo o seu poder. Os vossos nobres
não vos querem ouvir; foram em busca
do inimigo, a oferecer-lhes os serviços.
Terrível confusão transtorna os poucos
amigos duvidosos que vos restam.

REI JOÃO

Não voltaram os nobres, quando ouviram
dizer que o moço Artur estava vivo?

O BASTARDO

Encontraram-no morto em meio à rua,
um escrínio vazio, de onde fora

por mão danada arrebatada a joia
preciosa da existência.

REI JOÃO

                    O miserável
Hubert me disse que ele estava vivo.

O BASTARDO
Disse, realmente, o que ele acreditava
ser a verdade. Mas por que penderdes
a cabeça? Por que vos mostrais triste?
Sede grande nos atos como o fostes
nos pensamentos. Não perceba o mundo
que o medo e a indecisão no movimento
do olhar do rei influem. Sede vivo
como o tempo; com o fogo sede fogo;
gritai alto com quem vos faz ameaças,
enfrentai a carranca jactanciosa
do temor. Desse modo os olhos miúdos
que a atitude dos grandes sempre imitam,
com vosso exemplo hão de crescer, enchendo-se
de decisivo e inelutável ânimo.
Vamos! Brilhai tal qual o deus da guerra,
quando ingressa nos campos de batalha.
Mostrai confiança altiva e atrevimento!
Virão, pois, procurar o leão na cova,
para assustá-lo e medo lhe infundir?
Oh! Que ninguém diga isso. Correi logo
contra a desgraça, para subjugá-la
bem antes de ficar ela mais perto.

REI JOÃO
Esteve aqui o embaixador do papa:
concluímos feliz paz, tendo ele dito

que mandaria para a França as forças
do delfim.

O BASTARDO

                Oh! Que liga vergonhosa!
Pois então, quando as terras nos invadem,
enviamos saudações, nos resignamos
a aceitar compromisso, a enviar recados,
propor às armas invasoras trégua
desonrosa? Um menino ainda imberbe,
um maricas de seda há de manchar-nos
a terra, estadear sua coragem
neste solo guerreiro, e com os ociosos
estandartes zombar de nossos ventos,
sem achar resistência? Às armas, logo,
meu soberano, às armas! É possível
que não cumpra o cardeal o que promete;
mas embora essa paz ele consiga,
diga-se, ao menos, que eles todos viram,
em nós, firme intenção de resistência.

REI JOÃO

Assume a direção deste momento.

O BASTARDO

Avante, pois! Com toda a alacridade
evitemos que o inimigo nos degrade.

(*Saem.*)

Cena II

Planície perto de Santo Edmundsbury. Acampamento francês. Entram, armados, Luís, Salisbury, Melun, Pembroke, Bigot e soldados.

LUÍS

Lorde Melun, tirai disto uma cópia
que guardareis para memória nossa.
O original convém que seja dado
novamente a estes nobres, para que eles
e eu, compulsando as notas aí contidas,
nas quais nossos desejos se consignam,
nos lembremos da causa de ora havermos
tornado o sacramento, e mantenhamos
firme e inviolável a palavra dada.

SALISBURY

Jamais de nosso lado a quebraremos.
Mas meu nobre delfim, ainda que jura
vos tivéssemos feito de espontânea
fidelidade e de uma voluntária
devoção, não me apraz que esta enferma época
ande usando revolta despicienda,
como emplastro que cure uma ferida
produzindo milhentas. Oh! Compunge-me
a alma ter de arrancar do flanco a espada
para tornar-me um fazedor de viúvas
justamente onde o nome Salisbury
significa socorro e salvamento.
Mas assim é a infecção do nosso tempo;
o zelo que a saúde do direito
nos impõe sempre, sempre nos obriga
a atuar tão só com a mão da mais severa
sem-razão e dos males da desordem.
Não causa pena, ó amigos agravados!

Que nós, filhos e crianças desta terra,
tenhamos vindo ao mundo para sermos
testemunhas de um dia como o de hoje
em que o seio da pátria nós pisamos
nas pegadas de tropas estrangeiras,
completando as fileiras inimigas —
sou forçado a afastar-me, para ao choro
me entregar, pela força desta escolha —
para honrarmos nobreza peregrina
e aqui mesmo juntarmo-nos a estranhos?
Como! Aqui? Ó Nação! Se te mudasses!
Se os braços de Netuno, que te abarcam,
te tirassem de teu conhecimento,
para em praia pagã te colocarem
onde os cristãos em luta o exacerbado
sangue correr fizessem pelas veias
de uma aliança, em lugar de o derramarem
pelo chão, como o fazem maus vizinhos!

LUÍS

Revelas nesse anelo alma de escol.
A luta dos afetos nesse peito
causa um tremor de terra de nobreza.
Oh! Que nobre combate sustentaste
entre o bravo respeito e a compulsão!
Permite-me que limpe o orvalho honroso
que te desce das faces como prata.
Já senti muitas vezes abalar-se-me
o coração com o choro feminino,
que é inundação, aliás, de todo dia;
mas a efusão de lágrimas tão másculas,
esse aguaceiro provocado pela
tempestade de uma alma, os olhos deixa-me
espantados e faz-me mais confuso

do que se eu visse na sidérea abóbada
multidão de meteoros incendiados.
Famoso Salisbury, ergue esse rosto
e, decidido, aplaca a tempestade;
deixa essas águas para os olhos fracos
dos meninos que nunca contemplaram
o gigante do mundo enraivecido,
nem jamais se encontraram com a Fortuna
senão em festas, no calor do sangue,
em galhofas inócuas e alegria.
Vem mergulhar a mão na rica bolsa
de que a Prosperidade se envaidece,
bem como vós, ó nobres, que ajustastes
à minha resistência os nervos fortes.
(*Entra Pandolfo, com séquito.*)
Julguei ouvir há pouco a voz de um anjo.
Vede o santo Legado que nos chega
para nos transmitir plenos poderes
da mão do céu, e todos nossos atos
justificar com seu sagrado sopro.

PANDOLFO
Saúde, nobre príncipe da França!
Eis a última: o rei João fez paz com Roma;
converteu-se-lhe o espírito, que tanta
resistência mostrara à santa Igreja,
a sede, a alta metrópole romana.
Por isso enrola essas terríveis cores
e aplaca o bravo espírito da guerra,
para que esta se torne como leoa
na mão alimentada, e venha, calma,
deitar-se aos pés da paz, sem revelar-se
perigosa, a não ser nas aparências.

LUÍS
>Perdoe-me Vossa Graça; eu não recuo.
>Nasci muito alto para ser mandado,
>para me submeter como um escravo
>que recebe ordens, como humilde e dócil
>servidor, o instrumento de que possa
>dispor a seu prazer qualquer potência.
>O vosso sopro foi que ateou as chamas
>do carvão apagado desta guerra
>entre mim e este reino tão culpado.
>Trouxestes material para animá-las;
>agora o fogo está muito alto para
>ser apagado pelo fraco vento
>que a princípio o avivou. Vós me ensinastes
>a conhecer a face do direito,
>a encontrar interesse nesta terra;
>mais, ainda: despertastes-me a vontade
>para tal entrepresa. E ora me vindes
>comunicar que João fez paz com Roma?
>Que me importa essa paz? Reclamo esta ilha
>para mim, pelo jus do matrimônio,
>visto ter falecido o moço Artur.
>E ora que me acho em meio da conquista,
>hei de recuar por ter o rei João feito
>paz com Roma? Serei de Roma escravo?
>Quanto dinheiro, acaso, gastou Roma,
>que homens mandou, que munições de guerra
>para apoiar a empresa? Não suporto
>sozinho todo o peso? Quem mais pode,
>afora eu e os que ao mando me obedecem,
>dizer que sua neste empreendimento
>e esta guerra sustenta? Por acaso
>não ouvi como os íncolas gritavam
>"*Vive le roy*!", quando por suas vilas

eu costeava? Não me acho ora de posse
das cartas decisivas para o jogo
facilmente ganhar em que por prêmio
foi posta uma coroa? E justamente
nesta altura abrirei mão da partida?
Por minha alma, ninguém dirá tal coisa.

PANDOLFO

Considerais o assunto só por fora.

LUÍS

Ou por fora, ou por dentro, pouco importa.
Não voltarei, enquanto a tentativa
não estiver glorificada quanto
foi prometido à minha alta esperança
antes de eu ter reunido este pugilo
de guerreiros, espíritos eleitos
que do mundo tirei para esta empresa
em que hão de conquistar alto renome
nas fauces dos perigos e da morte.
(*Ouve-se toque de trombetas.*)
Que trombetas alegres nos convocam?

(*Entra o Bastardo, com séquito.*)

O BASTARDO

Seguindo nisto o belo uso do mundo
dai-me audiência. Aqui vim para falar-vos.
Por mandado do rei, meu santo lorde
de Milão, vim saber o que fizestes
por ele. Como for vossa resposta,
ficarei conhecendo a liberdade
que à língua me concedem, os seus liames.

PANDOLFO
  Obstina-se o delfim na resistência,
  sem querer atender a meu pedido;
  declara não querer depor as armas.

O BASTARDO
  Por quanto sangue a Fúria já bebeu,
  tem razão! Escutai ora Inglaterra,
  pois sua real pessoa por mim fala:
  Ele está preparado e vos declara
  que esta entrada ridícula em suas terras,
  mascarada arnesada, rega-bofe
  sem reflexão, imberbe petulância,
  que estas tropas de crianças lhe provocam
  somente o riso, e que ele se acha pronto
  para expulsar a chicotadas essas
  armas-anãs, esses pigmeus-soldados,
  para além das fronteiras de suas terras.
  Pois a mão que vos deu tão grande tunda
  diante de vossas portas, obrigando-vos
  a procurar abrigo e, como baldes,
  a mergulhar em poços escondidos,
  a ficar sob o estrado resistente
  das camas; como coisas penhoradas,
  a demorar em cofres e canastras,
  dormir com porcos, procurar a doce
  salvação nas prisões e em catacumbas,
  a estremecer de medo até com o canto
  do galo nacional, por confundi-lo
  com o linguajar de algum inglês armado,
  vai fraquejar agora, ela que soube
  castigar-vos em vossos próprios quartos?
  Oh, não! Ficai sabendo que o valente

monarca se acha armado e, como uma águia
em suas altas ameias, está pronto
para atirar-se sobre o menor vulto
que o ninho lhe ameaçar. E vós, ingratos
revoltosos, e vós, degenerados,
vós, Neros que rasgais o ventre a vossa
cara mãe, a Inglaterra, envergonhai-vos,
corai de pejo! Até vossas mulheres
vossas pálidas filhas, como nobres
Amazonas, ao rufo dos tambores
pressurosas acorrem, transformando
os dedais em manoplas, as agulhas
em lanças resistentes e a brandura
que lhes é própria em sanguinária e altiva
disposição.

LUÍS

   Aqui terminam tuas
bravatas; vai-te em paz. Concedo: vences-nos
em saber descompor. Adeus; não temos
tempo para gastar em falatórios.

PANDOLFO
 Deixai-me ora falar.

O BASTARDO
     Não; falo eu mesmo.

LUÍS
 Não ouvirei nenhum. Tocai tambores!
Fale a língua da guerra, na defesa
de nossas pretensões neste momento.

O BASTARDO
>Que seja! Ao lhes baterdes, os tambores
>hão de gritar, tal qual vós, quando fordes
>batidos. É bastante despertares
>a voz do teu tambor, para que logo
>responda outro tambor na mesma altura.
>Faze soar um terceiro, e, incontinenti,
>outro mais alto abalará o ouvido
>do firmamento, rindo do profundo
>barulho do trovão, porque bem perto —
>por não confiar neste Legado coxo,
>de que ele se serviu mais por brinquedo
>que por necessidade — se acha João,
>que traz na fronte a Morte descarnada,
>cujo ofício vai ser, hoje, somente
>regalar-se em milhares de franceses.

LUÍS
>Tambores! Quero ver esse perigo.

O BASTARDO
>Hás de vê-lo, delfim; é só o que eu digo.

(Saem.)

CENA III
O mesmo. Um campo de batalha. Rebate. Entram o rei João e Hubert.

REI JOÃO
>Como está o dia para nós? Dize, Hubert.

HUBERT
>Receio que vá mal. E Vossa Graça?

REI JOÃO

Esta febre, que nunca me abandona,
pesa demais em mim. Oh! Dói-me tudo!

(*Entra um mensageiro.*)

MENSAGEIRO

Milorde, vosso primo valoroso,
Faulconbridge, aconselha Vossa Graça
a abandonar o campo e a aproveitar-me,
para lhe enviar notícia do caminho
que pretendeis tomar.

REI JOÃO

      Para Swinstead,
dizei-lhe; na abadia.

MENSAGEIRO

      Reanimai-vos,
porque os grande reforços esperados
pelo delfim, sofreram há três noites
naufrágio nas areias de Goodwin.
Foi trazida a Ricardo essa notícia,
não faz muito. Os franceses já perderam
o entusiasmo e o terreno vão cedendo.

REI JOÃO

Ai de mim! Esta febre me tortura;
não me deixa gozar essa notícia.
Vamos para Swinstead. Minha liteira!
Sinto-me fraco. Vamos! Já desmaio.

(*Saem.*)

Cena IV

Outra parte do campo de batalha. Entram Salisbury, Pembroke, Bigot e outros.

SALISBURY

Jamais imaginei que o rei tivesse
tantos amigos.

PEMBROKE

               Novamente à carga!
Animemos os francos; estaremos
perdidos se caírem.

SALISBURY

               Faulconbridge,
esse diabo, a despeito do despeito,
sozinho é o sustentáculo do dia.

PEMBROKE

Dizem que o rei João foi retirado
do campo, muito doente.

(Entra Melun, ferido, conduzido por soldados.)

MELUN

Levai-me aos revoltosos da Inglaterra.

SALISBURY

Quando éramos felizes, não nos davam
esse título.

PEMBROKE

         É o conde de Melun.

SALISBURY

    Mortalmente ferido.

MELUN

                      Fugi, nobres
ingleses, porque estais todos vendidos.
Desfiai a rebelião de aspecto rude
e acolhei novamente a fé banida;
procurai o rei João e aos pés caí-lhe,
pois se o Francês ganhar esta jornada
barulhenta, pretende indenizar-vos
das penas, as cabeças vos cortando.
Isso o delfim jurou, e eu junto com ele,
e outros muitos comigo, ao pé do altar
de santo Edmundsbury,
justamente no altar em que vos tínhamos
jurado gratidão e amor eterno.

SALISBURY

    Será possível? Pode ser verdade?

MELUN

    Diante de mim não vejo a morte hedionda?
E a vida que me resta, quase nada,
não dessangra aos pouquinhos, como forma
de cera que se esfaz junto do fogo?
Que me faria ora mentir no mundo,
se nenhuma vantagem me vem disso?
Por que seria eu falso, se é bem certo
que aqui morrer eu devo para, adiante,
reviver na verdade? Ouvi de novo:
se Luís ganhar o dia e vós puderdes
contemplar o nascer do sol no Oriente
mais uma vez, ele será perjuro.

Não! Será nesta noite, cujo negro
hálito venenoso já se exala
do penacho esbraseante do sol velho,
fraco e cansado do trabalho diurno.
O imposto da traição foi avaliado
justamente no fim traiçoeiro e infame
de vossas vidas, caso Luís consiga
vencer com vosso auxílio esta jornada.
Recomendai-me a um Hubert, que se encontra
com vosso rei. O amor que lhe dedico
e o fato de eu provir de avós ingleses,
me leva a confessar-vos estas coisas.
Em recompensa, peço conduzirdes-me
para longe do ruído e dos clamores
da batalha, onde em paz reunir eu possa
os pensamentos que me restam e a alma
do corpo separar, voltado todo
para a contemplação e anseios pios.

SALISBURY
Acreditamos-te, e maldita seja
minha alma, se eu não vier a amar a forma
desta bela ocasião que nos enseja
desandar o caminho a esta danada
deserção. Como as águas na vazante
da maré, deixaremos nosso curso
violento e irregular, para reentrarmos
nos limites que havíamos transposto,
defluindo na mais plácida obediência
até que em nosso mar desemboquemos,
no nosso grande João. Auxílio certo
vais achar nestes braços para pôr-te
fora daqui, pois vejo nesses olhos
os sinais da cruel luta da morte.

Em fuga, amigos! Outra novidade,
mas no rumo da prístina lealdade.

(*Saem.*)

CENA V
O mesmo. O acampamento francês. Entra Luís com seu cortejo.

LUÍS
Pareceu-me que o sol mostrava certa
repugnância em baixar, tendo parado
na descida e tingido o firmamento
pelas bandas do ocaso, quando em fuga
desarvorada o próprio solo pátrio
os ingleses mediam. Oh! Que bravo
remate o nosso, quando lhes mandamos
a última carga, quase dispensável
depois de tanto sangue, ao lhes enviarmos
nosso boa-noite e as flâmulas rasgadas
enrolarmos, os últimos no campo
de batalha e senhores, quase, dele.

(*Entra um mensageiro.*)

MENSAGEIRO
Meu príncipe, o delfim, onde se encontra?

LUÍS
Aqui. Que novas há?

MENSAGEIRO
                    Morreu o conde
Melun. Por seu conselho, os da Inglaterra
novamente traíram. Os reforços

que esperáveis há tanto, se perderam
num naufrágio na praia de Goodwin.

LUÍS

Que novas infernais! Maldito sejas
por mas trazeres! Não pensei que havia
de ficar esta noite assim tão triste.
Quem foi que disse que o rei João fugira
pouco antes de haver feito a noite incerta
separar nossas forças esgotadas?

MENSAGEIRO

Quem o disse, milorde, não mentiu.

LUÍS

Muito bem; ponde guardas vigilantes
esta noite. Não há de o novo dia
levantar-se antes que eu de pé me encontre
para a bela aventura de amanhã.

(*Saem.*)

Cena VI

Praça descampada na vizinhança da abadia de Swinstead. Entram o Bastardo e Hubert, separadamente.

HUBERT

Quem está aí? Falai; falai depressa,
se não disparo.

O BASTARDO

              É amigo. E tu, quem és?

HUBERT

   Da parte da Inglaterra.

O BASTARDO

                    Teu destino?

HUBERT

   Que tens que ver com isso? Por que causa
   não posso eu perguntar de teus negócios
   como o fazes com os meus?

O BASTARDO

                    Penso que és Hubert.

HUBERT

   Pensaste certo. A todo azar aposto
   que és um dos meus amigos, pois conheces
   tão bem meu tom de voz. Como te chamas?

O BASTARDO

   Como o queiras. Se for do teu agrado,
   podes dar-me o prazer não despicindo
   de pensar que o destino, em linha reta,
   ao dos Plantagenet ligou meu sangue.

HUBERT

   Oh, que memória! Tu e a noite cega
   me envergonhastes. Bravo herói, perdoa-me
   por terem escapado alguns acentos
   de tua voz à minha percepção.

O BASTARDO

   Basta de cortesias. Que há de novo?

HUBERT

Achava-me a passear na face escura
da noite só com o fito de encontrar-te.

O BASTARDO

Sê breve, então; qual é a novidade?

HUBERT

Oh, meu doce senhor, novas de acordo
com a noite: horríveis, negras, pavorosas
e desencorajantes.

O BASTARDO

              Sem rodeios
mostra-me a chaga dessa má notícia;
não sou mulher para cair de susto.

HUBERT

Temo que o rei se encontre envenenado
por um frade; sem fala, quase, estava,
quando o deixei. Depressa vim buscar-vos,
para vos pôr a par da má notícia,
porque pudésseis precaver-vos contra
o imprevisto, melhor do que se viésseis
a saber mais de espaço do ocorrido.

O BASTARDO

Veneno! Como foi? Quem provou antes?

HUBERT

Um frade, disse; um biltre decidido,
cujas entranhas rebentaram logo.
O rei ainda falava; talvez seja
possível escapar.

O BASTARDO

                E quem deixaste
para cuidar de Sua Majestade?

HUBERT

    Pois não o sabeis? Os nobres já voltaram;
estão ao redor dele; vieram juntos
com o príncipe Henrique, a cuja súplica
o rei perdoou a todos.

O BASTARDO

                  Céu potente,
refreia a indignação, sem nos tentares
além de nossas forças! Ouve-me, Hubert:
esta noite, metade dos meus homens,
ao passar os baixios, foi tragada
pela maré; os lamaçais de Lincoln
a todos devorou. Com muito custo
pude escapar, por ter um bom cavalo.
Vamos, leva-me ao rei; temo que a morte
lhe venha, antes que possa estar com ele.

(*Saem.*)

CENA VII

Jardim da abadia de Swinstead. Entram o príncipe Henrique, Salisbury e Bigot.

PRÍNCIPE HENRIQUE

    É muito tarde; corrompida se acha
toda a vida do sangue. As incoerentes
fantasias do cérebro — morada,
segundo alguns, bem frágil de nossa alma —
o fim predizem da mortalidade.

(*Entra Pembroke.*)

PEMBROKE
Sua Alteza ainda fala alguma coisa;
pensa que se o expusermos ao ar livre,
achará lenitivo para o fogo
do veneno traiçoeiro que o domina.

PRÍNCIPE HENRIQUE
Determinai que sem demora o tragam
para o jardim.
(*Sai Bigot.*)
                    Ainda está furioso?

PEMBROKE
Está agora mais calmo do que quando
viestes de lá; há pouco ele cantava.

PRÍNCIPE HENRIQUE
Oh! Vaidade da doença! O sofrimento,
quando excessivo e demorado, acaba
por deixar-nos à dor indiferentes.
A morte, após fartar-se no de fora,
deixa-o insensível, dirigindo o assalto
contra o espírito, que ela espeta e fere
com legiões de esquisitas fantasias,
que, no aperto do embate contra este último
reduto, acabam sempre confundindo-se.
É curioso que a Morte cantar possa.
O cisnezinho eu sou desse outro cisne
descorado que entoa o lastimoso
hino da própria morte e que com as notas
da fraqueza canta a alma e o corpo canta,
prestes a repousarem para sempre.

SALISBURY
   Príncipe, sede forte; ao mundo viestes
   para impor alguma ordem na matéria,
   rude e informe que o rei deixa, ao morrer.

   (*Volta Bigot, acompanhado de criados, que trazem o rei João em uma cadeira.*)

REI JOÃO
   Minha alma agora está com o espaço livre;
   não quis sair por portas nem janelas.
   Sinto um verão tão quente no imo peito,
   que as entranhas em poeira se convertem.
   Sou uma figura desenhada em folha
   de pergaminho; vou me engruvinhando,
   pouco a pouco, a este fogo.

PRÍNCIPE HENRIQUE
                         Como passa
   Vossa Grandeza?

REI JOÃO
                 Envenenado, doente,
   morto, esquecido, abandonado, tudo...
   E ninguém manda vir o inverno e ordena
   na boca me enfiar a mão gelada,
   nem faz que os rios todos do meu reino
   venham banhar-me o seio afogueado,
   nem pede ao Norte que seus ventos frios
   os lábios ressequidos me umedeçam
   e algo me reconfortem. Não vos peço
   nada excessivo: um pouco só de frio.
   Mas tão sovinas sois, além de ingratos,
   que até mesmo esse pouco me negais.

PRÍNCIPE HENRIQUE
　Se houvesse em minhas lágrimas virtude
　para vos reanimar!

REI JOÃO
　　　　　　　　　Contêm sal quente.
　Trago o inferno aqui dentro, onde o veneno
　se confina à maneira de um demônio
　que tiranize o sangue condenado
　sem remissão possível.

(Entra o Bastardo.)

O BASTARDO
　　　　　　　　　　Oh! Encontro-me
　quase a ferver, por ter corrido muito,
　no afã de poder ver Vossa Grandeza.

REI JOÃO
　Vieste para fechar-me os olhos, primo.
　Amolgada e queimada está a polia
　do coração, achando-se a cordoalha
　do velame da vida reduzida
　a um filamento, um fio de cabelo.
　O coração trabalha sustentado
　por uma fibra apenas, que resiste
　tão somente até o ponto de dizeres
　o que há de novo. Então, de tudo quanto
　vês aqui, restará somente um pouco
　de argila sem valor, imagem falsa
　da realeza destruída para sempre.

O BASTARDO
　Prepara-se o delfim para atacar-nos

aqui mesmo. Só Deus sabe a maneira
de resistir-lhe, pois numa só noite,
um recuo intentando vantajoso,
inesperadamente a melhor parte
dos meus homens perdeu-se nuns baixios,
submergida em maré traiçoeira e súbita.

(*O rei morre.*)

SALISBURY
A ouvidos mortos dais notícias mortas.
Meu soberano! Meu senhor! Há pouco,
tão grande majestade, ora isto apenas!

PRÍNCIPE HENRIQUE
Como ele, hei de correr e, assim, parar.
De que vale a mais fúlgida carreira,
se o que há pouco era rei, agora é poeira?

O BASTARDO
Partiste desse modo? Eu me demoro
mais um pouco, somente o necessário
para o obséquio prestar-te da vingança,
depois do que minha alma irá servir-te
no céu, como na terra vem fazendo.
E agora, estrelas que girais em vossas
legítimas esferas, onde se acha
vosso poder? Mostrai-vos mais constantes
e agora mesmo retomai comigo,
para que repilamos a ruína
e a vergonha perpétua para longe
das fracas portas desta terra exausta!
Antecipemo-los, se não seremos,
procurados. Em nossos calcanhares
o delfim furibundo já vem vindo.

SALISBURY

    Parece que sabeis menos que nós,
por que o cardeal Pandolfo se acha aí dentro,
descansando. Não faz uma hora, veio
da parte do delfim com uma proposta
de paz que, sem desdouro, poderemos
aceitar para pormos termo à guerra.

O BASTARDO

    Mais apressado em tudo há de mostrar-se,
quando souber que vamos defender-nos.

SALISBURY

    Sim, de algum modo é coisa decidida,
porque ele já mandou muita bagagem
para o lado do mar, havendo entregue
sua causa ao cardeal, a quem delega
poderes irrestritos. É com este
que eu, e vós, e outros nobres, se julgardes
de bom aviso, ainda esta tarde havemos
de encontrar-nos, a fim de dar remate
feliz a este negócio demorado.

O BASTARDO

    Que seja assim. E vós, meu nobre príncipe,
juntamente com outros que puderem
ser dispensados, ficareis com o fito
de cuidar dos obséquios.

PRÍNCIPE HENRIQUE

                       Seus despojos
em Worcester depois devem ser postos.
Era esse o seu desejo.

O BASTARDO

      Será feito
como o determinou. E ora consiga
suportar felizmente vossa grata
pessoa o Estado e a glória desta terra!
Com toda a submissão, de joelhos, ponho-vos
aos pés os meus serviços, como preito
do meu devotamento sempiterno.

SALISBURY

 Nosso amor, de igual modo, vos dicamos,
porque sem mancha fique eternamente.

PRÍNCIPE HENRIQUE

 Minha alma desejara, amiga, dar-vos
mostras de gratidão; porém só sabe
fazê-lo se de lágrimas valer-se.

O BASTARDO

 Só paguemos ao tempo a indispensável
tristeza, por se ter antecipado
demais à nossa dor. Esta Inglaterra
nunca jamais caiu sob o orgulhoso
pé de inimigo algum, senão no instante
em que ela quis ferir o próprio seio.
Mas agora que os príncipes voltaram,
ainda que contra nós armados venham
os três cantos do mundo, saberemos
defender-nos. Jamais teremos causa
de pesar, se, na paz como na guerra,
fiel a si mesma for, sempre, a Inglaterra.

(*Saem.*)

SOBRE O AUTOR

William Shakespeare nasceu em abril de 1564 em Stratford-upon-Avon, Inglaterra. Casou-se aos dezoito anos com Anne Hathaway, de cuja união nasceram três filhos: Susanna e os gêmeos Hamnet e Judith. Por volta de 1590, mudou-se para Londres, onde passou a se dedicar integralmente ao teatro, ocupando destacado espaço na corte da época e atraindo, com sua companhia teatral, multidões aos palcos públicos. Considerado o centro do que hoje conhecemos por cânone da literatura ocidental, escreveu, ao longo de sua trajetória, algumas das peças mais representativas da dramaturgia universal, além de extensa obra poética. Faleceu no ano de 1616, em sua cidade natal.

COLEÇÃO SHAKESPEARE DE BOLSO

COMÉDIAS

A comédia dos erros e Os dois cavalheiros de Verona
A megera domada
Trabalhos de amor perdidos
Sonho de uma noite de verão e O mercador de Veneza
Muito barulho para nada e Como gostais
Noite de Reis ou O que quiserdes
As alegres comadres de Windsor
Bem está o que bem acaba
Medida por medida
Conto do inverno e A tempestade

TRAGÉDIAS

Tito Andronico
Romeu e Julieta
Júlio César
Hamlet, príncipe da Dinamarca

Tróilo e Cressida
Otelo, o mouro de Veneza
Macbeth
O rei Lear
Antônio e Cleópatra
Coriolano
Timão de Atenas
Péricles
Cimbelino

DRAMAS HISTÓRICOS
Vida e morte do rei João
A tragédia do rei Ricardo II
Henrique IV
A vida do rei Henrique V
Henrique VI
A tragédia do rei Ricardo III
A famosa história da vida do rei Henrique VIII

Impressão e Acabamento:

viena
www.viena.ind.br